菊池省三

365日の学級経営

8つの菊池メソッドでつくる
最高の教室

菊池省三・菊池道場 著

明治図書

まえがき

「菊池道場は，日本の教育の歴史を創る」

このお言葉は，2016年7月の第4回菊池道場全国大会で，鈴木寛文部科学大臣補佐官が特別記念講演の中でお話しされたものである。

私は，33年間，北九州市内の公立小学校に勤務していた。教壇に立ち続け，ひたすら子どもたちと向き合ってきた。そんな私の実践が，いつしか「菊池実践」と呼ばれるようになり，賛同する仲間が「菊池道場」を次々と立ち上げていった。一地方の一公立小学校の一教室で行っていた教育の在り方が，少しずつ全国に広がり，このようなお言葉をいただけるまでになったのである。このことは，一教師としてとても幸せなことである。全国の志をもった多くのともに歩む菊池道場の先生方に感謝の気持ちを表したい。

本書で執筆していただいた先生方の実践は，菊池道場が目指すこれからの教育の在り方を力強く示してくださっていると私は自負している。

1 菊池学級３学期の子どもの姿

私は，在職中から「子どもたちの事実で勝負する」とよく口にしていた。だから，セミナーや講演会でも教室の事実を写真や動画，実物資料をふんだんに取り入れた内容で行ってきた。多くの先生方が，

「なぜあんなに自己開示ができる子どもに育つのか」

「あのようなコミュニケーション力あふれる学級ははじめてだ」

「子どもたちの白熱した話し合いは，大人以上だ」

「圧倒的な言葉の力，圧倒的な対話力に，圧倒された」

などといった感想をもたれ，子どもたちの成長の事実に驚きを隠せない様子であった。

北九州という地域性もあり，様々な課題を抱えた「気になる子」も多かったが，受け持ったどの学級の子どもたちも，３学期には大きく成長した。

最後には，「知的で，無邪気な，ほんわかとした学級・子ども」へと成長していったのである。

菊池学級の３学期は，自分をよくしていこう，学級や学校をよくしていこうという成長への集中力が圧倒的に高まっていたのである。

2　8つのメソッドについて

菊池学級の子どもたちは，私の指導を「成長の授業」という言葉で表現していた。１日の全てが成長につながる授業だと捉えていたのである。

本書では，その中から代表的な８つの指導を中心に取り上げている。

❶ほめ言葉のシャワー

一人ひとりをみんなで成長させ合う活動である。毎日，一人の友達をみんなでほめ合うことで，子ども相互のコミュニケーションが深まり，関係性があたたかく強いものになっていく。お互いに信じ合える仲間になっていき，学級の絆を深めていく。

また，この「ほめ言葉のシャワー」は，「正解は１つにかぎらない」というメッセージを毎日，子どもたちに植林している。友達の行動や言動について，新しい角度から着眼し，すでに身につけた価値語を活用しつつも，より適切な表現を編み出していく「探究する姿勢」そのものである。

❷価値語の指導

価値語とは，人の考え方や行動をプラスに導く言葉のことである。十数年前から使っている私の造語である。

「ことばが育てばこころが育つ。人が育つ。教育そのものである」という大村はま先生のお言葉がある。言葉で人を育てるという菊池実践の基盤となっているのが，この価値語の指導である。

価値語を子どもたちに植林することで，公社会に必要な考え方や行動を身につけ，子どもたちは自発的に成長していく。

❸コミュニケーションゲーム

菊池学級の圧倒的なコミュニケーション力は，ゲーム的なトレーニングによるところも大きい。ゲームのもつ楽しさを大事にしているのである。特に，対話力の中核をなす質問力に関するゲームを重視している。

また，これから必要とされる即興力に重点を置いたゲームもくり返し行っている。書いたことしか言えないようなレベルではなく，瞬時に自分の言葉で話せる人間を育てようと考えているからである。

❹２種類の話し合い

菊池学級の話し合いは，ディベート的な話し合いである。ポイントは，①自由な立ち歩きを認める，②少人数による対話を重ねる，③「話す・質問する・説明する」を話し合いの基本とする，ということである。

私は，「話し合い力は学級の総合力」であると考えている。話し合いの力は，教師と子ども，子ども同士のあたたかい関係性と強いつながりがあると考えている。特に，小学校の場合は，学級経営と同時進行で伸びていくのが話し合いの力だと捉えている。

❺係活動

菊池道場では，係活動を「成長活動」と呼ぶことがある。自分らしさを発揮して，学級のみんなを巻き込んで活動するのが本来の係活動であり，それはお互いが成長し合うことであると判断しているからである。

友達と議論や対話をして，学級全員に提案して，みんなと一緒に活動するというアクティブ・ラーニングの大切な要素が，体験を通して学べるのが係活動であると捉えている。

❻成長ノート

成長ノートとは，「教師が本気になって，子どもを公に通用する人間に成長させるためのノート」のことである。

従来の作文ノートや日記帳との大きな違いは，「テーマは教師が与える」ということである。教師が，「こうあってほしい」「このことについて考えさせたい」といったことを，子どもたちにテーマとして与え書かせるのである。

そして，書かれた内容を個に寄り添いながら読み，赤ペンでほめて認めて励まし，子どもたちを成長させていくのである。

❼白い黒板

「白い黒板」とは，子どもたちが黒板に自分の意見を書き，チョークで真っ白にするという取り組みである。

従来の教育は，「黒板は先生が書き使うもの」という考え方であった。

しかし，「白い黒板」は，「私たちのもの」になる。「教わる」モードではあまり能動性は発揮されない。「白い黒板」では，子ども自身が前に出て，チョークを持ち，自分の意見を書くことになり，きわめて能動的なアクションとなる。主体的な学び手となる。

❽試練の十番勝負

年度末に行う成長ノートなどを活用した取り組みである。1年間の成長を自覚させ，新しい年度への構えをつくらせる取り組みである。

「○年○組は，自分にとって何だったのか」「言葉の力とは何か」といった10個のテーマについて考えさせる。成長ノートに書いたり，価値語を活用したり，白い黒板をつくり上げたり，話し合いをしたりしながら，学級みんなで学び深め合う総合的な学びである。

菊池　省三

Contents

初日の学級経営

1学期の学級経営【低学年】

1学期の学級経営【中学年】

１学期の学級経営【高学年】

２学期の学級経営【低学年】

2学期の学級経営【中学年】

2学期の学級経営【高学年】

3学期の学級経営【低学年】

3学期の学級経営【中学年】

3学期の学級経営【高学年】

最高の教室をつくる８つの菊池メソッド

菊池メソッド１　ほめ言葉のシャワー
菊池メソッド２　価値語の指導
菊池メソッド３　コミュニケーションゲーム
菊池メソッド４　２種類の話し合い
菊池メソッド５　係活動
菊池メソッド６　成長ノート
菊池メソッド７　白い黒板
菊池メソッド８　試練の十番勝負

菊池メソッド 1

ほめ言葉のシャワー

ほめ言葉のシャワーとは

「ほめ言葉のシャワー」とは，一人ひとりのよいところやがんばりを見つけ合い，伝え合う活動である。

〈具体的な手順〉

◆年間５回（５巡）程度行う。

◆毎日の帰りの会で行う。

①主人公は教壇に立つ。

②他の子どもは，自由起立で次々と「ほめ言葉」を語っていく。

③主人公は，ほめてくれる相手をしっかりと見る。

④ほめてくれた相手に「ありがとうございます」とお礼を言う。

⑤全員の「ほめ言葉」が終わったところで，主人公は感想とお礼を言う。

⑥全員で拍手をして終わる。

1 「ほめ言葉のシャワー」のねらい

この活動のねらいは次の３点である。

①友達のよさを見つける観察力や，それをあたたかい言葉で伝えることのできる表現力を身につけさせる。

②お互いをほめ合うことで，友達同士の関係を強くし，教室を自信と安心の場所にする。

③お互いにほめ合うことを毎日続けていくことによって，自分たちの「望ま

しい在り方」をクラス全体で確認させ，絶えず「成長」を意識した，豊かな学級文化を育てる。

全国各地に「ほめ言葉のシャワー」の実践が広まっており，それぞれの学級によい影響を与えている。しかし，単に上記の方法を行うだけでは形式的な活動になりがちで，充実したものにはなりにくいと考える。教師や子どもたちが活動のねらいを共通理解して取り組むことが重要である。

2 学級の変化

では，実践を行ったことで，具体的にどのような変化があったのかを紹介したい。

❶ほめ言葉のシャワーの変化

多くの子どもたちは友達をほめるという経験をあまりしたことがない。仮にあったとしても，仲のよい友達や目立った活躍をした友達に対してのことがほとんどだろう。

実際，本学級でも最初はどのようにほめたらよいのかがわからず，とまどっている子どもが多かった。「いつも」「毎日」「いいと思います」「すごいですね」など，漠然としか友達の様子を観察していないため，具体的な行動や場面を自分の言葉でほめることが難しかったようである。

しかし，回数を重ねていく中で観察力や表現力が高まり，「今日の～の時間に……」などと友達の具体的な姿に注目したり，その友達に合った価値語を考えたりするようになっていった。また，「これからも続けていってください」「私もまねしたいです」といった相手への敬意を表すあたたかい言葉も増えていった。さらに，ほめられる側も自分に自信をもったり，新たな自分のよさに気づけたりするようになった。感想の中にも「もっと～できるようにがんばりたいです」とさらなる成長を目指そうとする声が聞こえてくるようになった。

❷授業での変化

ほめ言葉を伝える際には，男女関係なく主人公と向き合って（正対して）行う。最後にはハイタッチや握手を交え，お礼の気持ちを言葉や態度で示す。そのため，照れや恥ずかしさがあるとスムーズに行うことができない。これは授業でも同じで，ペアやグループで活動をする際に，壁をつくってうまくかかわれない場合がある。

本学級でも，仲のよい友達同士で群れたり，男女のペアでの活動に乗り気でなかったりする姿が見られることもあった。しかし，ほめ言葉のシャワーの活動で男女関係なく話したり，ハイタッチを交わしたりすることが当たり前になってくると，誰とでも一緒に活動できる子どもが増えていった。ペアをつくって相談したり，困っている友達に教えに行ったりする際には，相手が誰であっても瞬時に動きだせるようになった。

もちろん，このような変化はほめ言葉のシャワーだけでのものではないが，この実践の効果が大きいのは確かであると考える。

3　よりよい活動にするために

毎日，友達のよさをほめ合う習慣ができるだけで教室の雰囲気は大きく変わると考える。では，よりよい活動にするためには何が必要なのだろうか？

❶他の実践との関連づけ

他の実践と関連づけることで相乗効果が生まれ，ほめ言葉のシャワーも，もう一方の活動も充実を図ることができる。それぞれの実践の方法などについては，別ページを参考にしていただきたい。

・「質問タイム」を通して友達の新たな一面を知り，そのことをほめる。
・「成長ノート」や「白い黒板」で活動を振り返り，改善する。

・「価値語」を知り，ほめる際の表現力を高める。

❷教師が範を示す

子どもたちと一緒に教師も活動に参加する。その際，話し方や参加態度などの手本を子どもに示すことが重要である。そして，ほめ方や礼儀面で成長が見られた子どもの様子を教師が価値づけしながら学級全体に広めていくことで，活動に真剣に参加する子どもが増えていくことになると考える。

❸活動を振り返る

１巡目が終わった時など，定期的に自分たちの活動を動画などで振り返ることは活動の質を高める上で非常に重要である。また，他学級の「ほめ言葉のシャワー」の様子を見ることも子どもにとっては大きな刺激となるだろう。

私の場合，幸いなことに校内や近隣の学校に同じく「ほめ言葉のシャワー」の実践を行っている学級があるため，直接教室に行って活動の様子を見せ合ったり，映像で交流し合ったりしている。自分たちにはない他学級のよさを取り入れようとしたり，自分たちのよさに気づいて，それを大事にしていこうとしたりする姿が見られた。そして，「他の学級よりもよい活動にしていきたい」と高い意識をもって活動に参加するようになった。

菊池学級の様子がわかる映像が付属している書籍も多数あるので，他学級との交流が難しい場合は，それを学級で視聴するのも効果的だろう。

❹年間の見通しをもつ

ほめ方を知らない，あるいはほめることに慣れていない子どもたちに完璧なほめ方を要求することは大きな負担になるだろう。また，２巡目，３巡目……と回数を重ねていった時に，教師自身の中に活動を深めていくための見通しがなければ，子どもたちも活動も成長する機会を失ってしまう。発達段階に合わせたゴールイメージと中間目標をもちながら指導を行いたい。

〈年間計画の例（ほめ方編）〉
1巡目：ほめることに楽しさや喜びを感じられるようになる。
2巡目：価値語を使ってほめられるようになる。
3巡目：5W1Hを意識し，具体的にほめられるようになる。
4巡目：自分と比較しながらほめられるようになる。
5巡目：過去，現在，未来の姿を比較しながらほめられるようになる。

4　ほめ言葉のシャワーQ＆A

「ほめ言葉のシャワー」について，よくある質問とその回答を紹介する。
Q：時間がかかる場合は，どうしたらいいのか？
A：カードに書いて渡したり，一人ひとりのほめる時間を決めたりして時間を短縮する方法がある。また，翌日の朝の会など，時間帯を変える方法もある。
Q：年度の途中から実践を始めても大丈夫か？
A：全く問題ない。学級が落ち着き始める5・6月頃から始める先生も多く，始める時期は特に決まっていない。本学級でも5月の連休明けからスタートした。年度や学期の途中からでも，ぜひ取り組んでいただきたい。

5　子どもたちの声

では，子どもたちはどんな気持ちで「ほめ言葉のシャワー」の活動に参加しているのだろうか。

以下は活動を始めて半年が経った頃（3巡目に入った頃）の子どもたちの感想である。

・みんなのいいところがいっぱいあって，探すのがとても楽しい。言われる時はうれしいし，言われている人はとてもうれしそうなので続けたい。
・他の人のほめるところを見つけるのは難しいけれど，人をほめるのは，みんなで喜び合う活動だと思った。
・１周目より２周目，２周目より３周目とどんどん楽しい活動に思えてきた。これからも一人ひとりを観察して，よいクラスづくりをしたい。
・いつもは伝えられないほめ言葉を価値語も入れてほめられるのがうれしい。次は何を伝えようかな？　という楽しみがある。ほめ言葉のシャワーがなかったら，相手をほめる力が伸びなかったと思う。
・ほめ言葉のシャワーを聞くと，悩んでいることや悲しいことをあたたかい言葉で乗り越えられる。イライラしている人や困っている人も，ほめ言葉のシャワーを聞いて元気になるかもしれない。
・他のクラスの人にも自分のよいところやクラスのみんなのよいところを知ってほしい。そしてクラス全体がレベルアップしていってほしい。

帰りの会のわずかな時間での活動ではあるが，子どもたちにとって大切な時間になったことが感想からだけではなく，活動中の様子からも感じられる。

6　ほめ言葉のシャワーを始めよう

「ほめ言葉のシャワー」は，私にとっても学級にとっても大きく成長できる活動である。そして，子どもたち自身がお互いのよさを認め合うことに価値を見出していることが一番の喜びである。

大まかな説明であったが，少しでも参考にしていただき，全国各地に「ほめ言葉」の飛び交う学級がますます増えていくことを願っている。

【参考文献】
・菊池省三　編著『小学校発！　一人ひとりが輝くほめ言葉のシャワー１』『小学校発！　一人ひとりが輝くほめ言葉のシャワー２』『小学校発！　一人ひとりが輝くほめ言葉のシャワー３』日本標準
・菊池省三・本間正人・菊池道場　著『個の確立した集団を育てる　ほめ言葉のシャワー　決定版』中村堂

（後藤　航）

菊池メソッド
2
価値語の指導

価値語とは

菊池氏の造語で，考え方や行動をプラスに導くための価値ある言葉を「価値語」という。例えば，よく知られた「価値語」に「一人が美しい」がある。「自分の考えをもち，一人でも正しいことが行える」。このような行動を指している。

もともと，価値語はぴりっとした緊張感をもたせるための言葉である。教師がその言葉のもつ意味について指導し，子どもたちの生活や学習に定着させていく。

「価値語」を通して，集団の中でどうあるべきかを学び，公での在り方を身につけた子どもたちは，次第に自分たちで「価値語」を考えるようになっていく。

1 「公」での在り方を伝える

自分のクラスの子どもたちには，こうあってほしい，この１年でここまで育ってほしい，という目指す子どもの姿をもって１年をスタートされる先生がほとんどだと思う。

菊池氏は，「子ども」＝「一人の人間」と考え，「公」ではこうあるべきだという行動を「価値語」にされている。

・行動の敬語
・教室に入る時は仮面をかぶれ

・出席者ではなく参加者になれ

これらの「価値語」一つひとつについて考えた時，どれも大人にも通用する考え方であり，厳しさも含んだものであることがわかる。

小さな子どもであっても，その行動が「公」では通用しないことであれば，しっかりと教えていくべきである。これを子どもたちにわかりやすく示すことができるのが「価値語」である。

教室の中に共通の「価値語」があれば，どの子もそこに向かって努力することができる。また，教師はぶれることなく，そこに向かいがんばっている子どもを価値づけ，励ますことができる。

2　1年間を見通した「価値語」の提示

年度当初に，教師から子どもたちに「価値語」を提示する。1年間を見通して，子どもたちに身につけさせたいものをあげて丁寧に指導する。学年や発達段階に応じた目的もはっきりとさせて，「価値語」を選びたい。

例えば，1年生であれば，学校生活のはじめの1年で身につけさせたい，ルールや学習規律を「価値語」で指導する。

・はきものをそろえる

・おはなしは目できく

・まえじゅんびりょく

このような基本的なものがほとんどである。

これが，6年生であれば，最高学年としての心構えや在り方を年度当初から意識させる必要がある。

・一人が美しい

・価値ある無理をせよ

・範を示す

このような「価値語」で自分たちの立場を考えさせることが必要である。

では，教師から「価値語」を提示したら明日から子どもたちの行動が変わるのだろうか。そのようなことはほとんどない。そこで，教師の観察力と子どもたちへの細やかなアプローチが必要になる。子どもたちを観察していれば，必ず「価値語」の意味を理解し，前向きに努力している子どもが出てくる。その子どもの行動を価値づけし，全体に紹介するのである。できていないところを指摘するよりも，たった一人でもよいので，できている子どもに焦点を当てていく方が断然効果がある。

低学年の場合，例えば「はきものをそろえる」という価値語であれば，きちんと靴をそろえている友達の写真を撮って見せると，次は自分もほめてもらいたいとがんばる子どもが出てくる。

高学年であれば，できているかできていないかという部分だけを価値づけても子どもたちの心には響きにくい。

子どもたちの内面やがんばろうとしている意欲をくみとることが必要だと感じている。

もっと細やかに一人ひとりに対して励ましていきたい時は「成長ノート」を活用する。ある価値語について，自分がどう行動できているか，子どもたちに書かせる。

これに対して，たとえ，できていなくてもそこに向かうために努力したこと，またこれからがんばろうという思いを書いていることに対して教師が細やかに価値づけていくのである。

3　子どもたちをつなぐ「価値語」

年度当初は，学級を「整える」ための父性的な「価値語」が多くなる。しかし，これだけでは，お互いを認め合えるような学級には育っていかない。

そこで，子どもたちの横のつながりを深めていけるような「価値語」も増やしていきたい。母性的な視点をもった「価値語」である。これは，主に子どもたちの様子から取り上げて，価値づけした方が効果的である。

体育の時間，集合の合図の笛を吹いて子どもたちを待った。いっせいに走って集合する中で，最後の子どもたちは二人で手をつないで走ってきた。遅れている子どもを待ち，手を引いて連れてきた子どもの姿を写真に収めた。この写真に添えた言葉は次の「価値語」である。

「一人も見捨てない」

１年生でも，授業の中での具体的な場面を体験しているので，言葉の意味をより身近に理解することができる。写真＋「価値語」で教室に掲示している。

このように，子どもたち同士で学び合う姿や助け合う姿を，「価値語」として全体に共通のものにしていく。こうしてできた一つひとつの「価値語」がクラスの宝物である。

4 子どもたち主体の「価値語」に

導入からここまで，教師主体で行ってきた「価値語」の指導である。「価値語」が定着してきたら，子どもたち主体の活動へと変化させていきたい。そうして生まれる「価値語」には，子どもたちのもつよさや子どもらしさの光るものが多く見られる。

❶ほめ言葉のシャワーの中で

ほめ言葉のシャワーでは，友達のよいところを伝えていく。「価値語」を使ってほめ言葉をおくる子どもも多くいる。そのうちに，自分で考えた「価値語」を使う子どもが出てくる。

「○○君は，ニコニコ笑顔力のある人ですね。国語の時間に○○君が笑顔で聞いてくれたので，安心して話すことができました」

このように，オリジナルの「価値語」が出てきたら，黒板に書いておく。よい言葉，使いやすい言葉はクラスに定着していく。

❷１枚の写真から

いつもカメラを持ち歩き，毎日の子どもたちの様子を写真に撮るようにしている。共通させたい子どもたちの姿をクラス全体に紹介し，子どもたちに価値づけさせる。例えば，下の写真である。この写真について気づいたことを話し合い，最後に「価値語」を考えさせた。泣いている女の子の背中をやさしくさする男の子の姿。この写真に１年生の子どもたちがつけた「価値語」は「すてきなともだち」だった。

全体で話し合うことによって「価値語」の意味をより深く理解することができる。また自分たちでつくった「価値語」は子どもたちにとって特別な意味のあるものになる。

❸価値語づくりワーク

「価値語」をつくろうという企画である。一人ひとりがオリジナルの「価値語」とその意味を班で発表し，よいものを１つ決める。班の代表になった「価値語」を黒板に書き，その中でよいものを１つ決める。

写真は４年生が価値語づくりワークを行った時のものである。「おこめ力」は八十八の手間暇をかけてつくられるお米のように，たくましく成長していこうというもの。「軸力」は相手軸をもつためには，まずは自分の軸をしっかりもとうというものだった。

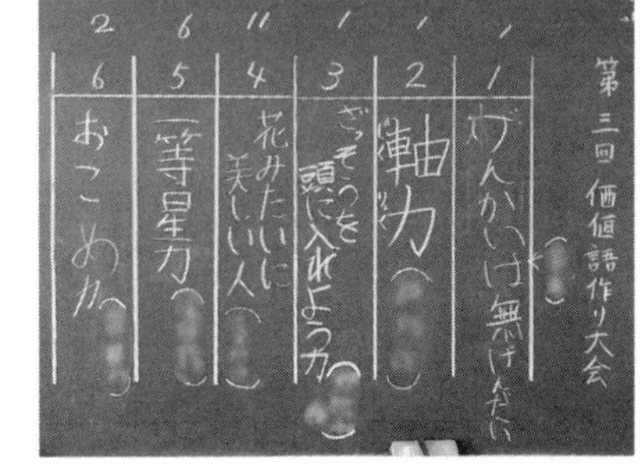

一つひとつの価値語に一人ひとりのエピソードがあり，その子の考え方がしっかりと表れていた。子どもたちは，お互いの考えを興味深く聞き，楽しみながらこのワークに取り組んでいた。

5 子どもたちとともに

「価値語」の指導を続けて４年になる。その中で，「価値語」は子どもたちと教師の共有体験を言葉にしたものなのだと考えるようになった。愛知支部古橋祐一先生の価値語に「情動の共有体験」というものがある。子どもたちと教師の体験の共有，感情の共有があってこそ子どもたちの心に響く価値語が生まれるのである。

これは，野外活動を行った時の写真である。食事の15分前には集合し，並んで待っている姿である。この写真に，子どもたちがつけた価値語は，

「最速行動は５つ星」

であった。

３日間の野外活動の中で，くり返し時間を守ることを子どもたちに求めた。時間については，どうしてもこの野外活動で子どもたちに身につけさせたいことのひとつだった。様々な場面があったが，３日目には写真のように，お互いに声をかけ合い，自ら時間を意識しながら行動できるまでに成長した。子どもたちを思いきりほめることができた。

このように「価値語」は，それぞれの学級での共有体験から生まれてくるものが多くある。子どもたちとともに何を見て，何を感じるのか。生まれてくる「価値語」に，その質が問われるのである。

菊池氏の学級には授業に関した価値語が多い。菊池氏が子どもたちと共有されている授業が，いかに濃く厚みのあるものかということの表れであると考える。

「価値語」指導は教師にとっても非常に奥深いものである。

（赤木　真美）

菊池メソッド
3

コミュニケーションゲーム

コミュニケーションゲームとは

「コミュニケーションゲーム」とは，対話活動を通して他者意識を高めることで，教師と子ども（縦糸），子どもと子ども（横糸）の信頼関係を高めていくためのひとつのツールであると捉えている。

ここで押さえておきたいことは，単に体系的な知識や技術を得るだけではなく，自分から人にかかわろうとする力，日常生活の中での出来事や問題に対応する力や考える力を，子どもたちが自分の力で身につけていくことができることを目的として行うことである。このポイントを押さえた上で，継続して「コミュニケーションゲーム」を行うことで，他者とお互いを大切にし合う「話し合う力」を育てることができる。

1 コミュニケーション能力の重要性

はじめに，なぜコミュニケーション能力なのかについて考えていきたい。コミュニケーション能力の重要性について，菊池氏は著書『家庭でできる51のポイント』（中村堂）で次のように述べている。

これからの教育の目的をトータルに考えたとき，改めてコミュニケーション教育は人格形成の上で欠かせない教育である。そして，コミュニケーション能力の発達は次のような８つの意義があると考えている。
①社会生活をスムーズに行うことができる。

②知的発達が促される。
③自分で考えたり，判断したり，まとめたりする力が向上する。
④友達関係が豊かになる。
⑤嫌なことを拒否したり，危機的な場面で助けを求めたりできるようになる。
⑥思いやりの心を具体的に示すことができるようになる。
⑦自信・自尊感情を高める。
⑧ストレスを解消し，心の健康を保つことができるようになる。

これらのことを踏まえ，コミュニケーション能力を高めていくために，コミュニケーションゲームを意図的・計画的に取り入れていきたい。あくまでも，ゲームをすることが目的化してはならない。

2 指導のポイント

まず，「コミュニケーションゲーム」を行う上で意識したいポイントを３つ紹介する。

❶プラスの言葉かけでつながる

活動をする上で子どもたちにとって大切なポイントは，活動が「楽しいこと」である。

「おもしろい！」「またやってみたい！」と思えることが，自分から他者にかかわろうとするやる気につながるはずである。

また，活動中に，教師が子どもたちの様子をしっかり観察し，プラスの行動や心の変容（不可視）部分を，価値づけしながら大いに認めてあげることも，子どもたちの意欲を高めていく上で大切になってくる。

その際，活動場面を写真に記録し可視化することをおすすめする。そうすることで，目指すべきモデルができ，可視化することで，お互いに評価もできるのである。

「笑顔」「心の正対」などキーワードを掲示し，教師が価値づけしたり，お互いに称賛し合ったりすることで，子どもたちの自信にもつながっていくのである。ここで，大事なポイントは，美点凝視で物事を捉えることである。教師が意識的に子どもの極微の変容を認め，本気で伝えることでプラスのストロークになっていく。あくまでも，本気で伝える覚悟が大切である。見せかけのほめ言葉では，子どもの心までは響いていかないのである。

係が実施したコミュニケーションゲームの様子

❷継続して実施する

継続的に実施することで習慣化し，子どもたちが他者とかかわることに意欲的になってくる。特に，休み明けや子どもたちの動きが硬い（スピードが遅い）時には，多く取り入れるように心がける。そうすることで，心がほぐれ自己開示しやすい雰囲気につながっていく。息を吸うのと同じくらい当たり前にコミュニケーションをとることができる関係性を築いていきたい。

❸自分から話せない子どものフォローも忘れずにすること

ゲームとはいっても，人とコミュニケーションをとることに慣れていない子どもたちにとっては，「コミュニケーションゲーム」はハードルが高いものかもしれない。

学級の実態なども考慮しながらうまく取り入れていきたいものである。特に，自己開示が苦手な子どもに対しては，教師が言葉をつないであげたり，かわりに伝えてあげたりすることで，自己開示しやすい雰囲気をつくってあげることも大切にしていきたい。

休み明け雰囲気づくりのコミュニケーションゲーム

3　他の実践との関連づけ

コミュニケーション能力を高めるために，コミュニケーションゲームを取り入れていくが，そもそもコミュニケーションゲームをすれば，前述した8つの能力が身につくわけではない。

菊池実践で行われている価値語や成長ノート，ほめ言葉のシャワー，係活動，白い黒板，朝のミニ授業などが，リンクし合って身につく能力なのである。

ほめ言葉のシャワーや係活動で培ってきた安心感が土台にあってこそ，コミュニケーションゲームの効果が上がると考えられる。

また，コミュニケーションゲームの振り返りを成長ノートや白い黒板で行うことで，コミュニケーション活動の成果と課題を把握することができ，成長につながっていくのである。

そういった教師の教育観と子どもたちとでつくり出す空気感を「成長の授業」と呼んでいる。

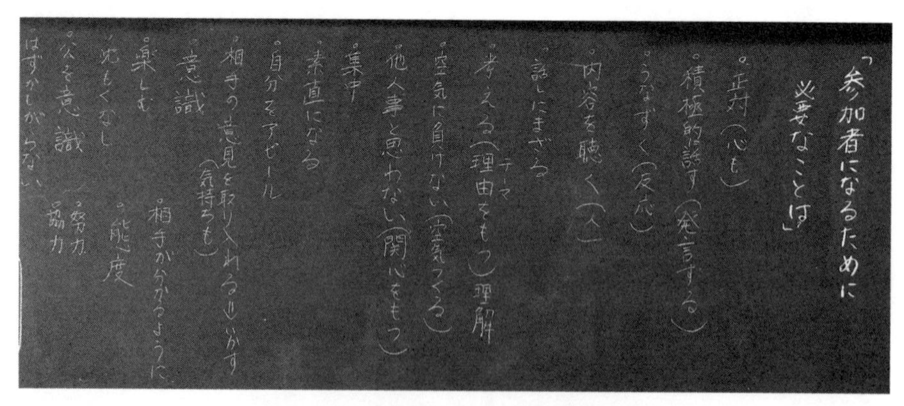

コミュニケーションゲームの振り返り

4　コミュニケーションゲームの成果

コミュニケーションゲームを継続して行うことで次のような力が身についてきた。子どもたちのアンケート結果から一部紹介する。

①男女の仲が深まってきた。
②人と積極的にかかわるようになった。
③教室の空気感がよくなってきた。
④学級が成長する雰囲気になってきた。

コミュニケーションゲームを継続して行うことで，学級の雰囲気もよくなり，学級の対人関係能力や信頼関係が高まってきた。

これは，子どもたちの学級全体として成長しようという意識の高まりの成果でもある。

計画→実行→振り返り→計画のサイクルをくり返し続けることで，当たり前のようにかかわり合うことができるようになってきた。

その中で学級として大事にしてきた言葉が２つある。「トライ＆エラー」と「出席者ではなく参加者になる」である。

これは，学力向上にもつながっていくものである。日頃からコミュニケーション活動を意図的・計画的に取り入れていくことで，前向きに成長することにつながっていくだろう。

3　このクラスに流れる空気とはどのようなものか？
このクラスに流れる空気は、言葉づかいが良い空気
4　その空気をどうやって作り上げてきたのか？
ほめ言葉のシャワーとコミュニケーションゲームなど

振り返りアンケート

（加倉井　英紀）

菊池メソッド 4

2種類の話し合い

2種類の話し合いとは

話し合いには，「絶対解」と「納得解」の二つの種類を導くものがあります。

「絶対解」は，算数の計算問題のように，答えが一つしかない正解を示します。一方，「納得解」では，いくつもの答えが出てきて，一つを正解と決められるものではありません。

知識を重視した「絶対解」に比べ，「納得解」の話し合いは，自分の意見と人の意見をすり合わせ，時には同調しながら，時には反論しながら自分の意見をまとめていくもので，心の変容を促します。

（菊池省三　著／関原美和子　構成『菊池省三の学級づくり方程式』小学館　より抜粋）

1　話し合いの本質と指導の要点

話し合いの最も大切な目的は，「自分で考え続ける子ども」を育てることだと菊池氏は言う。

教科の話し合いは「絶対解」を求めることに陥りがちである。そうすると「正解」がわからない子どもは蚊帳の外に置かれてしまう。「納得解」を求める話し合いであっても「思いつき」だけの発言では空論になりかねない。

「考え続ける子ども」を育てるためには，①自分の考えをもち，理由や根拠とともに伝えること，②相手の意見を聞き様々な価値観があることに気づき，違いを認め合えること，③相手の意見に納得し，自分の考えが変わる場合もあることや様々な価値観をすり合わせることで新しい価値観を見出すことを経験させるといった指導が必要である。

また，このような話し合いの中で，教師は子どもの発言の正誤に目を向けるのではなく，発言の内容の意味や姿勢，意欲を評価し価値づけることが重要である。その結果，学びの深まりや人間関係の構築といった子どもたちの成長につながっていくのである。

2 「話し合い」のつくり方

❶「話し合い」の土台づくり

「絶対解」と「納得解」の話し合いに共通する「話し合いの土台」がある。この土台となるものを教科や特別活動を通して，コミュニケーションゲームやインタビュー，ペア学習やディベート学習などの手法を用いて指導する。

①「人間関係」を形成する

「ほめ言葉のシャワー」や「価値語」を示すことによって，「わからない」が言える関係や，その人らしさを尊重するといった認め合える教師と子ども，子ども同士の人間関係をつくる。

②「話し合い活動」の仕方を指導する

「話す力」（声量，姿勢，具体物や図表を用いるなど）や「聞く力」（傾聴，復唱，メモ力や質問力など）を育成する。

例：５Ｗ１Ｈ即興質問
　　でもでもボクシング

（菊池省三・池亀葉子・NPO 法人グラスルーツ　著『「話し合い力」を育てるコミュニケーションゲーム62』中村堂　参照）

質問タイム
身を乗り出し，相手と目を合わせながら，テンポよく質問返答をくり返す

③「話し合い」に対する意識を高める

「話し合い」とは，「意見と意見が重なり合い新しいアイデアを生み出すことである」（【話し合いはニューアイデアを出すために】），「意見に反論しても，相手の人格を否定してはいけない」（【人と意見を区別する】），「話し合いは勝ち負けではなく，みんなが学び成長すること」（【win-win-win の関係】）といった話し合いの本質を伝える。（【　】内は価値語）

❷「絶対解」「納得解」共通指導

①教師が価値づける

話し合いの技術的なことに対してだけでなく，子どもの気づきや学びの質に視点を置き，一人ひとりの成長を促すものや子ども同士のつながりを深めるものについて価値づけていく。

例：「【口火を切る】人，【一人が美しい】（一人でも意見を言うことができる）人，【寄り添う】人，新しい視点で質問する人がいたからこそ，○○さんは，自分の意見を言うことができました」

「一人ひとりの意見には，その人らしさが表れています」

このようにメッセージをおくり続けることで一人ひとりを認めていく。そのことが子どもたちの自信や意欲につながり，話し合いをさらに発展させる。

②子どもたちの意見をつなぐ

はじめのうちは，話し合いの流れを体験させる。この段階では，発言内容が未熟なので，教師が内容を補い，価値づけしながら話し合いがかみ合うようにしていく。

③「自分軸」から「相手軸」へ

相手（他者）に説明する時には，どうすれば相手が理解できるかといった相手軸での思考が大切であると指導する。

自分軸
自分が理解している言葉

相手軸
相手が理解している言葉

❸「絶対解」の話し合い実践

①「絶対解」に至る道筋（学習過程）を明確にする

答えが明確ということは，そこに至る道筋も明確である。道筋がわかれば，子どもたちだけで確実に答えに向かっていくことができると考えた。そこで，国語科の抽象的な読み物教材の学習においても，学習用語をヒントに読みとっていくという道筋を立て，授業を行った。

②授業場面

国語の読み物教材『ヒロシマのうた』（第六学年）で，「中心人物は誰か」をテーマに話し合った。子どもから「わたし」と「ヒロ子」という２つの意見が出た。大切なのは，「なぜそう思ったか（理由）」である。ここで，「中心人物の定義」を理解していなかったり，説明が苦手だったりする子どもは，自分の意見に対する理由が言えない。そこで，「中心人物とは，考えや心情が大きく変化している人物ですよね。物語のはじめと終わりとで，この人物は，どう変わっている？」と確認し合ったり，自分の考えをわかりやすく図式化して説明したりしながら話し合いを進めていった。相手軸を意識し，友達が理解できる方法を考えながらわかるまで伝えていくのである。教えてもらう方は，自分の言葉で説明できるようになるまで，真剣に聞く。妥協はしない（菊池氏が言う「一人も見捨てない」という指導が浸透している）。しかし，この物語では，複数の人物が変容している。つまり「人物の変容」という視点だけでは答えにはたどりつかないのである。そこで，「この人物が変わったのは，この場面で，これは起承転結の転だから……」と文章構成から考えたり，「はじめから終わりまで登場しているのは『わたし（稲毛さん)』だから」と，視点人物に着目したりして話し合いを深めていった。最終的には，「中心人物の定義」を調べ直し，「中心人物とは，語り手が寄り添う人物」であることを全体で共通理解した。

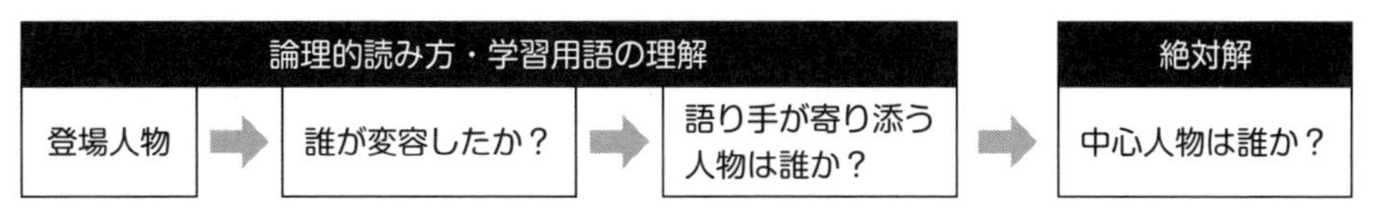

この話し合いでは，教科に応じた指導事項が解決に至る道筋のひとつとなり，子どもたち自身がこれまで積み重ねてきた話し合いの力を駆使することで，絶対解までたどりつくことができた。既習事項の確認や新しい知識を取り入れながら，学力も考え方も違う一人ひとりの存在感を感じることができる話し合いを行うことで，みんなで成長していくことができたと感じた。

③「絶対解」の話し合いのテーマ例

・誰の会話か考えよう　・中心人物は誰か　・起承転結はどこか

❹「納得解」の話し合い実践

①「納得解」では一人ひとりの意見を尊重し合うプロセスを明確にする

「納得解」の話し合いは，状況に応じて様々な場面で取り入れることができる。まだ学級の人間関係ができあがっていない段階では，学力差にとらわれることもなく，様々な考え方を知ることができる「納得解」の話し合いを行い，話し合う楽しさを実感させることも有効である。また，国語の授業において，先に述べたような「絶対解」で確実な読みとりを行った後に，「納得解」の話し合いを行い，互いの考え方の違いを認め合う活動を行うことで，一人ひとりの深い学びにつながっていくこともある。いずれにしても，「絶対的な正解」ではないので，一人ひとりが安心して意見を言うことができ，それを互いに尊重していくことが大切である。

②授業場面

学習発表会に向けて「何をテーマにするか」で話し合った。テーマについて，複数の意見の中から「いじめに関するもの」「町づくり」の２つの意見に絞られた。全員が納得する答えになるまで話し合おうということで，ディベート対決，プレゼン対決を行ったが，若干のメンバーの入れ替わりがあるだけで，決まらない。そこで，「なぜ思考」「もし思考」を取り入れたり，「１年間の成長としての発表とは？」という別の視点を取り入れたりした。その上で，相手の思いも尊重した妥協点を探っていった。すると，これまで思いつかなかった「自分たちの成長を支えた地域への感謝と，この過疎化した地域を発展させていくプラン」という新しいアイデアがつくり出され，全員が納得するテーマとなった。この話し合いはとても時間がかかったが，とことん話し合うことで，自分たちで新しい考えをつくり出すことができた。このことは，「いろいろな人とあきらめずに話し合いを続けることで，絶対に解決方法が見つかる」という自信となり，話し合いの意義を感じることができる実体験として子どもの心に刻み込まれた。

③「納得解」の話し合いのテーマ例

・サンタクロースは本当にいるか　・縄文時代と弥生時代はどちらが幸せか
・５月と11月はどちらが明るい世界か（『やまなし』六年国語）
・タイトルをつけるとしたら何か

3　2つの話し合いが生み出すもの

> 話し合うことで，私は成長できました。みんながいてくれたからです。ありがとう。（成長ノートより）

一生懸命考えた意見には，その子らしさがあふれている。その意見を伝えたり，相手の意見と戦ったり，受け入れたりしていく。相手の意見に対しても「なぜそう考えたのか？」と考えるようになり，自分の考えだけで意見を断定するのではなく，相手の意見や価値観を尊重するようになる。このような話し合い活動を通して，子どもたち同士が理解し合い，認め合う関係性が築かれている。「話し合い活動」のその一つひとつの経験が，一人ひとりの自信となり，「自分で考え続ける子ども」として成長していけるのである。

【参考文献】
・菊池省三　著／関原美和子　構成『菊池省三の学級づくり方程式』小学館
・菊池省三・菊池道場　著『１年間を見通した白熱する教室のつくり方』中村堂

（信國　智子）

菊池メソッド
5

係活動

係活動とは

　一人ひとりの子どもが好きなことを“係”として活動させることで，「自分らしさ」を発揮し，その学級だけの学級文化をつくることへつなげていく活動である。

〈具体的な手順〉

◆当番活動と係活動の明確な区別をする。

◆十分な時間を確保し，失敗感を与えない。

◆新聞やポスターづくり，ミニ集会を行う。

1 「係活動」のねらい

　この活動のねらいは次の３点である。

①一人ひとりが「自分らしさ」を発揮できるようにする。

②安心して「自分らしさ」を発揮できる雰囲気をつくる。

③自由に「自分らしさ」を発揮し，互いに高め合うことのできる学級文化を創造する。

　係活動は，子どもを学級目標に近づけるためにあると考える。しかし，生き物の世話をする「生き物係」，みんなで遊ぶ日と内容を決める「遊び係」といった定番のものが目立つ。さらに，当番活動と係活動を混同してしまい，“やらされること”と捉え，主体的な活動とは程遠い状況に陥りがちだ。

　相当な自由を保障し，一人ひとりの子どもにそれぞれ好きなことを“係”

として活動させることが大切だ。けれども，「硬く」「重く」「遅い」学級では，らしさを出すことすらためらっている姿をよく目にする。そこで，一人ひとりに「自分らしさ」を発揮する楽しさを実感させ，成功体験を積み重ねることで自信をもたせ，さらに，自信を安心につなぐことで子どもたちの意欲を高めていきたい。

2 よりよい活動にするために

❶当番活動と係活動の明確な違いを意識させる

新学期，係活動を決める際に，これまでに経験してきたことのある係活動を出し合うことも多いだろう。私が担任した３年生の学級では，以下のような係が出てきた。

生き物係　保健係　体育係　図書係　配り係　整頓係　窓係
お楽しみ係　黒板係　クイズ係　遊び係　音楽係　手紙係……

このように，特に低学年の場合は，当番活動と係活動が混同されている場合も少なくない。

そこで，「学校生活をおくるためになくてはならない仕事」と「学校生活を楽しくする仕事」の２つに分類させ，係活動は，自分の好きなことをする場であることを確認した。

❷「待つ」姿勢を貫く

係活動は，自分の好きなことをする活動なので，「自分らしさ」を発揮しやすい場所と言える。けれども，子どもたちにとって「自分らしさ」を発揮することは，簡単なことではない。その要因は，これまでに自分らしさを出してよいという経験がなかったからだろう。さらに，学年が上がると，周囲からどのように思われるのだろうといった気持ちも強くなるのかもしれない。

そこである子が「自分らしさ」を発揮し始めると，
「こんなこともやっていいんだ」
「私もやってみようかな」
と刺激を受け，「自分らしさ」を発揮できる空気が広がってくる。

こうして，徐々に「自分らしさ」を発揮できる楽しさを実感することが大切だと考える。

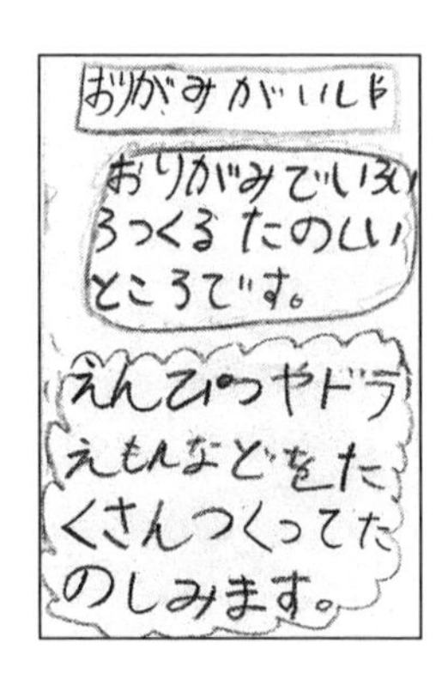

3　各係の具体的な活動の紹介

ここでは，具体的な活動について紹介する。係活動では，主に新聞やポスターづくり，ミニ集会を行っている。

新聞は，子どもたちの関心が高いことを記事にしている。ポスターは，教師が話したことを題材にしてまとめる時もある。場合によっては，子どもたちが家庭でノートに書いてきたものを，拡大コピーして掲示板に貼りつけることもある。ミニ集会は，朝の時間や昼休みなどの20分程度の短い時間で行える全員参加型の集会である。

短時間で終わらせなくてはならないので，コミュニケーション力や企画力が試される。また，質問タイムなどの他の実践と関連づける姿も見られた。

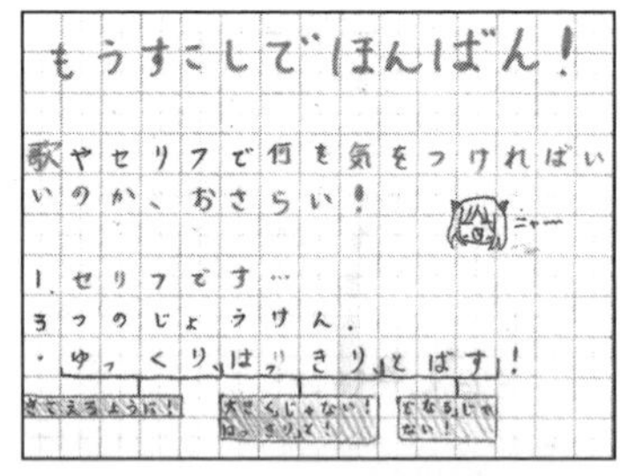

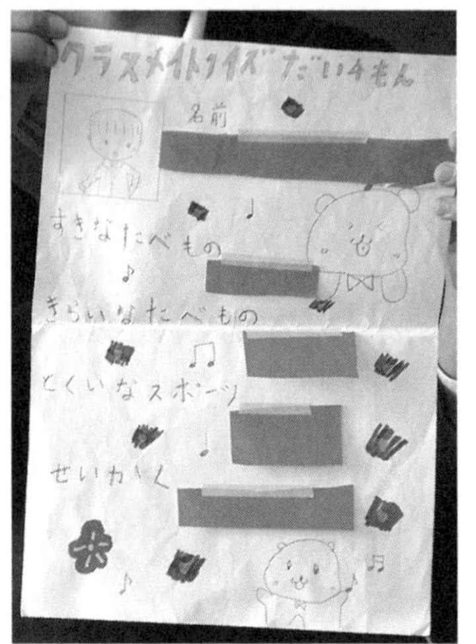

4 子どもたちの声

3・4年生の2年間にわたり，実践を続けてきた。その時の子どもたちの感想を掲載する。

- 働くことが楽しくなった。
- 時間の使い方が上手になった。
- 2年生の時の私は，今では信じられないくらい“地味キャラ”だった。
- これまで知らなかった友達のよさを見つけることができた。
- イベントをつくることは，難しいけれども，とっても楽しい。
- みんなが好きなことをやってるから，私も負けずに好きなことをしたいと思った。
- 好きなことをしている時が，みんないい顔だった。
- 「自分らしさ」を見つけることができた。
- 一人ひとりが好きなことができるから，このクラスはまとまるんだと思う。

振り返ってみると，この学級は，一人ひとりが自分の好きなことに好きなように取り組んでおり，一見まとまりがないように見えるが，学習発表会やクラスマッチといった場面では，団結することができる学級だった。

「自分らしさ」を発揮することができると，相手の「自分らしさ」も大切にするようになり，コミュニケーションが豊かになり安心感が生まれると考える。

だからこそ，安心して「自分らしさ」を発揮できる，係活動を充実させることにこだわりたい。

5　子どもたちの中で育ち続ける「らしさ」を発揮したい心

「先生，お願いしたいことがあるんです」と，６年生の子どもたちが，当時４年生を担任していた私の教室を訪ねてきた。その手には，次のような企画書があった。

理科特別会

実行委員（今のところ）野中栗田

ねらい (1) [illegible]小には理科が好きな人がたくさんいるので，もっと好きな教科にする。
(2) 実験を通して理科の力を深める。
(3) ふだんの授業で出来ない実験やもう一度やりたい実験などをする。

日時　青空タイム　　場所　理科室

進め方
① 実験の説明・注意点　2分
② 納田先生のお話　2分
③ 実験開始！
・実行委員が困っている班を教える
・あぶないことは注意する　35分
④ 片付け　2分
⑤ 解散
計41分

班　入口　机　5　5　5　5　5　5　5　5　5
いすを15個用意

備考　多くの人数が参加することがあるので予約制にする。
つまり，一カ月に同じ実験をくり返し来てもらう。（券をつくる）

第一回目　100℃以上の温度まで熱してみよう!!

発表 11/25　〆切り 11/29　配る 12/1
第一回 12/3
二回 12/11
三回 12/18　同じ実験をくり返す。

置く場所
・給食場の近くのトイレは机を置く
・くつ箱

理科をもっと楽しもう会
年　組　　様
第一回目　100℃以上の温度まで熱してみよう
場所　理科室
日にち 12/3
※この券は捨てないで下さい

当時の勤務校には，週に一度，45分間の昼休みがあった。導入当初は，子どもたちもとても喜んでいたが，次第にマンネリ化が進み，けがやトラブルもしばしば発生していた。そのような状況を打破するために，子どもたちなりに考えたのだろう。

この子どもたちは，２年前の教え子で，科学クラブで一緒に活動していた。どうしてこんなことを思いついたのかと聞いてみたところ，自分たちが大好きな理科の実験のおもしろさを学校中の人にも体験してほしかった，４年生の頃にがんばっていた係活動を卒業までにもう一度やっておきたかったという言葉が返ってきた。

まずは，これだけの企画書を子どもたちだけで作成したことに驚かされた。そして，４年生の時に蒔いた，「らしさを発揮するタネ」が大きな実を結んだことに感動した。

この「理科をもっと楽しもう会」をきっかけに，他の６年生たちも次々と立ち上がり，学校全体に広がるようになった。さらに，そのような先輩の姿を見ていた４年生の子どもたちも，学校全体に働きかけようとする動きが見られるようになった。

この出来事から，らしさを発揮することの楽しさや充実感を体験した子どもは，担任である私の手を離れても，らしさを発揮することで，よりよい社会を築くために働きかけ続けるといった，理想的な社会に参画する態度を身につけることができることを学ばせてもらった。

【参考文献】
・菊池省三・菊池道場　著『コミュニケーション力あふれる「菊池学級」のつくり方』中村堂

（納田　健太）

菊池メソッド
6

成長ノート

成長ノートとは

一言で表すならば，「教師が全力で子どもを育てるためのノート」である。書くことで子どもを成長させていく。具体的には，「成長ノート」は，次のねらいをもって行う。

・教師がテーマを与える
・書くことに慣れさせる
・自分の成長を意識させる
・教師が子どもとつながる

「成長」に必要なテーマを与えて書かせ，教師がそれに「励まし」のコメントを入れる。それを繰り返すことで成長を自覚させ，教師と子どもの関係を強いものにする。

（菊池省三　著『挑む』中村堂　より抜粋）

1　何のために書かせるか

菊池氏の二大実践と言われる「ほめ言葉のシャワー」と「成長ノート」。「ほめ言葉のシャワー」で，コミュニケーション力を育て，「成長ノート」で，書く力を育てることを目指している。成長ノートは，困難校と呼ばれる厳しい環境に置かれた子どもたちを「一人前の人間として成長させたい」という菊池氏の強い思いから生まれた作文指導ノートである。

教師が子どもを公（社会）に通用する人間に育てようと，自分の信じる価値観をテーマとしてぶつけ続ける。そのテーマに対し，子どもは真剣に内省しながら書くことで応える。それを教師は，「深読み」「深掘り」することで，子どもの極微の成長に気づき，できるだけ多くのプラスのコメントを返す。時に子ども同士で読み合い，認め合い，評価し合う。そのくり返しの中で，人として大事な価値観を育てようとするのが成長ノートである。

つまり，成長ノートとは，書くことによって，教師と子ども，子どもと子どもをつなぎ，子どもを人として成長させるための紙上対話と言える。

2 変わる子ども，見る目が変わる教師

・あい手のことを考えてこうどうする。
・自分からあたたかいことばを言う。
・ふだんから，ほめことばをみんなに言う。

これは，私の学級（２年生）の女の子が書いたものである。学級目標の「相手のことを考えて，あたたかい言葉をかけ合うクラス」にするために，自分は何ができるか，というテーマで３学期のはじめに書かせた。

そして，その中から一番大切だと思うことを一人ひとつ選ばせ，各自で黒板に書かせた。できあがった白い黒板を見ての感想が次の文章である。

みんながこんないいことをかいて，あと48日しかすごせないけど，みんなといっしょにいられるのも48日だからさみしいです。

あと，こくばんを見て，みんなのやさしさのあいじょうがこもっているかんじがしたから，なんだかうれしくなった。

４月当初，自分から発表することも少なく，表情が硬いなと感じていた子である。しかし，この成長ノートを読んだ時，表面的にしか物事を見ていな

かったことを痛感した。こんなにも，クラスのことを考え，美しい心で物事を捉えている。成長ノートがなかったら，私はこの子のすばらしさに気づけなかったかもしれない。

私は，このようなコメントを書き記した。

○○ちゃんが，このようにクラスのことをだいじに考えてくれたことが，なみだが出そうなくらいうれしいです。これからもいっしょにせいちょうしましょうね。

考えたことを文章にする作業をくり返すことで，２～３行しか書けなかった子でも５㎜方眼のノート１ページを５分程度でびっしりと字で埋め尽くせるようになる事実にも感動している。読書感想文や行事の感想などを原稿用紙に書かせても，最初「何を書いていいかわからん」と言っていた子が400字詰め原稿用紙１枚は書けるようになった。２～３枚をすらすらと書く子も現れた。成長ノートは低学年においても確実に書く力をつけると実感した。

3 成長ノートを始めよう

一人に１冊，ノートを用意する。渡す時に，私はこのように話す。

「このノートは成長ノートと言います。人間として心の成長をするために書くノートです。心は目には見えません。でも，考えたことを文章に書き表すことはできます。書くことで，自分を成長させることができます。自分や友達の成長に気づくこともできます。いいことばかり書く必要はありません。それは成長にはつながりません。正直にありのままを書いてください。こんなこと書いていいのかな，と思うようなことでも先生は絶対に笑わないし，怒りません。安心して，本気で書いてください。先生も本気で読むし，本気でみんなを成長ノートで成長させたいと願っています」

まず書くことは日付とテーマである。テーマは，「運動会で一番成長したいこと」「○○さんの姿から学ぶことは」など，教師がその時一番子どもたちに深く考えさせたいことである。書かせるタイミングは学級活動の時間だけでなく，授業中，朝の会，帰りの会，ありとあらゆる場面において可能である。書く時間は，５～10分と限定する。短時間でできるだけたくさん書くことを目指す。最初は，何を書こうかと悩む子も多い。そこで，「とりかかりスピードが速い！」「鉛筆の先から煙が出るくらいの速さで書きましょう」「限られた時間の中で，力を発揮することで成長するのです」「書いた量が考えた量」など，追い込むとともに励ます声をかけ続ける。

ノートを集めたら，子どもの文章にコメントを入れる。「赤ペンはほめるために使う」。菊池氏はあらゆる場面でそう言われる。誤字脱字の指導や，文脈の軌道修正や訂正のコメントを書いてしまいがちだが，成長ノートにおいては，子どものどんな思いに対しても，とことん美点凝視し，「深読み」「深掘り」する。「自分らしさを発揮できていますね。○○さんが深く考えたことが伝わります」「人が気づかないようなことも，細部にこだわって考えています。鋭い観察力があるということです」「正直に書いてくれてありがとう。包み隠さず，この場に書いてくれることをうれしく思います」「学級全体のことを考えているからこそ，書けることですね。○○さんの成長を感じました」など，徹底的にプラスのコメントを書く。それが「先生は何を書いても受け止めてくれる」という安心感を育て，子ども一人ひとりの心とつながることになる。内面を見つめ，とりつくろわず書き深めることで人として大事な価値観を培う。

成長ノートの詳しい指導は，『コミュニケーション力あふれる「菊池学級」のつくり方』（菊池省三・菊池道場　著，中村堂），『人間を育てる　菊池道場流　作文の指導』（菊池省三・田中聖吾・中雄紀之　著，中村堂）を参照いただきたい。

4 「成長ノート」のおすすめ活用法

❶各教科の見取りや評価

私は，道徳や体育，生活科など専用のノートを用いない教科での振り返りとして，成長ノートを活用することも多い。

例えば，体育のシュートゲームでは，「一番輝いていた人」として，その授業で最も活躍したと思う人を一人選び，なぜその人を選んだのか理由も書かせた。「○○さんは，周りをよく見ていて，私にもパスをしてくれたのがうれしかった」と，友達のやさしさに気づく子や，「○○さんの投げ方のまねをしたら，私もいっぱいあたるようになったので最初より楽しくなった」と技術面での学び合いからメタ認知ができている子もいる。このような成長にかかわる文章を読み聞かせることで，書いた子と書かれた子の互いのよさを認め，クラスに広めることもできる。

また，私が見逃していたシーンや気づかなかった子どものよさを教えてもらうこともあり，広い目で子どもを見取ることができる。成績をつける際の思考面での評価としても活用している。

❷アイデアノート

書くことを苦に思わない子どもに育てるために，最初のうちは「質より量」を意識して，とことん書かせることも大事である。そこで私は，思いついたアイデアをどんどん書かせるアイデアノートとして利用することもある。成長ノートを思考の作戦基地にするのである。

例えば，「お別れする○○先生に感謝を表そう」と題して，お世話になったことをできるかぎりたくさん書かせた。「どんな時にどんな言葉をかけてもらった？」「何をしてもらった時，うれしかった？」と聞き，具体的に思い出させる。いくつ書けたか個数を数え，全員を立たせる。「１つ書けた人」「２つ書けた人」……と聞いて座らせる。最後まで残っていた人に拍手をする。

このような前ふりの後にお礼の手紙を書かせると，「書写の時間に丁寧か聞いたら，十分丁寧！　と言ってくれてうれしかったです」「ぼくは工作がへたくそなのに先生は笑わないし，ほめてくれたからうれしかったです」のような詳しい描写ができるようになる。ちなみに，この先生のお別れ会で，ほめ言葉のシャワーをしたのだが，あまりの感動に涙されていた。まさに，書くことによって話す言葉も豊かになることを実感した時間であった。

❸絵による表現

成長ノートといえば，びっしりと文字で埋まっているイメージがあるが，あえて低学年では，絵による表現もありではないかと考えた。

例えば，道徳教材「先生からのおうえんメッセージ」（『２年生のどうとく』文溪堂）の授業では，「先生もみんなからメッセージがほしいな」「先生の似顔絵も描いてくれるとうれしいな」とリクエストした。素直な低学年ならではのかわいらしい言葉と絵のプレゼントは，私にとって最高のほめ言葉であった。文章が苦手な子も，絵なら喜んで描き，思いを絵に込めることができる。子どもにとっても，成長ノートがさらに大切な宝物になるのではないだろうか。

5 「成長ノート」でほめるとは

出会った全ての子どもは我が子であるという感覚をもち，大切に慈しみ，ほめたい。どの子も一人も見捨てない強い覚悟をもち，どんな表現にもその子らしさと成長を見出し，価値づけることこそ，ほめることの本質であると思う。

成長ノートは，ほめるために，言葉の奥にある声に耳を澄ませ，子どもの心に寄り添うことを目指す教師自身の修行のノートでもある。

（清水　香代子）

菊池メソッド 7

白い黒板

白い黒板とは

白い黒板とは，黒板いっぱいに子どもたち全員が思いや考えを白いチョークで書き込んだ黒板のこと，またその取り組みのことを言う。一見煩雑に見えるこの「白い黒板」の活動には，いくつかのねらいがある。
①黒板を開放することで参加者という自覚をもたせる。
②自分の考えと友達の意見を比べながら書くことで再思考を促す。
③活動を日常化し，自分の力で生活を改善できる力を養う。
といったものだ。子どもたちがつくる黒板で，生き生きと考えを交流し合う学級へと変容していく。

1 「黒板を開放する」

授業といえば教師が前に立って，わかりやすい説明を行うという固定観念をもっている人は少なくないだろう。そして，黒板は，教室全体で一番共有しやすいツールだから，当然のように教師が情報を整理するべきだと考えるのだろう。しかし，今の私はそうではないと考える。もちろんそういう側面もあるが，いつも指示待ち，整備された環境での学習で，これからの未来を生きていけるのだろうか。時にこれまで教師だけのものだった黒板を開放し，考えを整理する手順を味わわせることは，「考え方」を教えていく上で大切なことだ。まずは，黒板を開放し，子どもたちに「考え」で黒板をいっぱいに埋めさせることから始めることだ。

2 「白い黒板」で考えを共有，深める

自分が書いた考えと，友達が書いた考えを比べ，同じでない考えを生み出そうとすれば，一度書いた後も再思考の連続となる。白い黒板にしようとすれば，自ずと「考え続ける活動」になるのだ。

全員が参加する活動をつくるには，この再思考の時間が重要だ。黒板の面積はかぎられている。40人学級ともなれば，一度に黒板に並ぶことは不可能だ。机や黒板の横で，次に書くことを考える，もっとないかと作戦を練る姿が評価されるべきだ。一度白い黒板をつくると，それは見た目も圧倒的だ。自分たちがつくりあげた白い黒板，達成感も大きいだろう。その達成感が次につながる。

❶考えを共有

白い黒板はクラス全員の考えがちりばめられた宝の黒板である。それを生かすも殺すもその後の活動次第となる。私は，子どもたちに，自分の考えを黒板だけでなく，ノートにも書かせている。そうすることで，自分の考えだけでなく，黒板にある友達の意見をメモしたり，それを参考に新しい考えをつくり出したりするようになった。

黒板にある友達の考えは消えることはないので，発言より安心して受け取ることができる。逆に考えれば，考えを書く方にとっては責任感が増すとも言える。このように，黒板を通して一人の子がラリーを続けるように再思考することで，考え続けることが当たり前の授業となる。また，黒板にある考

えの裏には多くの友達の思考が隠されており，再思考することは友達の考えを共有していることになる。

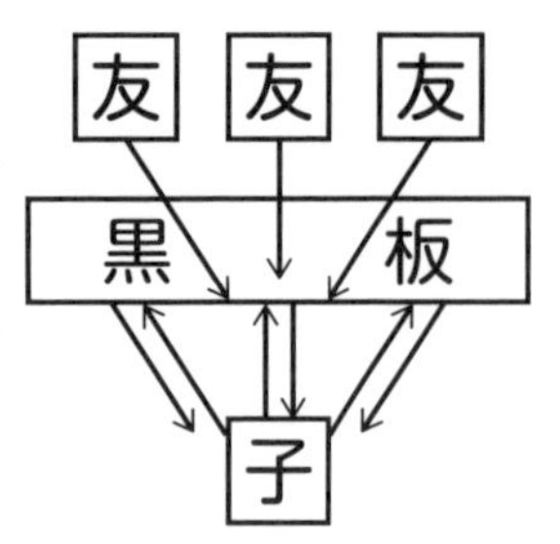

全て子ども任せで教師は何もしないのがいいというのではない。教師が分類したり整理したりもする。白い黒板に書かれたことをその時間で終わらせてしまうのではなく，いったん教師が整理し，もう一度話し合うという活動も行った。

写真は，「ディベート大会で大切なのは何か」というディベートをする前に，大切なことを書き出した白い黒板である。

この内容を教師が整理し，もう一度子どもたちに提示することで，ディベート大会のテーマを決めることができた。

これらから，大切なことが個人の力によるものと協力することに分類されたので，「ディベート大会で大切なのは個人の力か？　協力する力か？」というディベート大会の論題をまとめることができた。

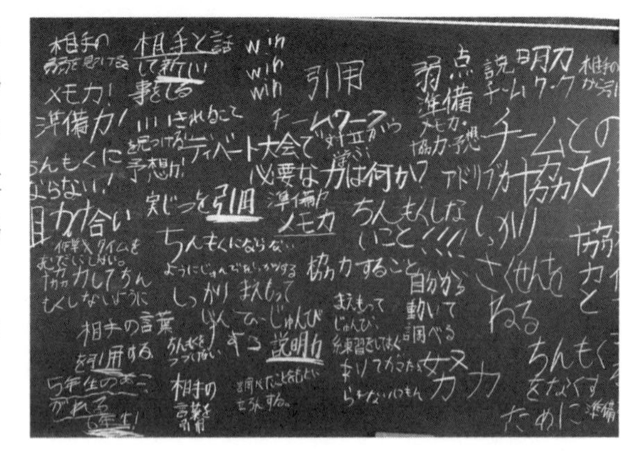

①自己開示　②自分で力を発揮する力　③言い争いでなく意見の主張　④ラベリング
⑤人の意見を受け入れる　⑥身振り手振り　⑦頭を寄せ合う　⑧人と意見を区別する
⑨班の人との協力　⑩人に全てを任せない　⑪男女関係なく協力　⑫役割に責任をもつ
⑬恥を捨てる　⑭資料を用意　⑮声の大きさ　⑯自分のペースで話す
⑰知識とプレゼン力　⑱まとめる力　⑲ win-win-win　⑳自分が変わり相手も伸びる
㉑進んで学ぶ　㉒信頼　㉓引用する　㉔主張する文章力　㉕いろいろな人とつながる
㉖相手の意見を聞く力　㉗知識と団結　㉘発表中も考える　㉙一人で発表する力
㉚話し方（ゆっくり，大きく，速く，小さく）　㉛一目でわかる
㉜ペースを合わせて話すこと

❷考えを深める

道徳的なことや生徒指導的なことを話した後，自分の考えを紙やノートに書かせて振り返らせることは多い。私も成長ノートに振り返らせることで自分との対話を大切にしている。しかし，それを決意として残したり，友達と確認し合ったりするために白い黒板に残すことがある。この写真は，３学期に油断していた自分たちを振り返り，そんな自分たちの空気を「リセット」する話し合いをした後の黒板である。

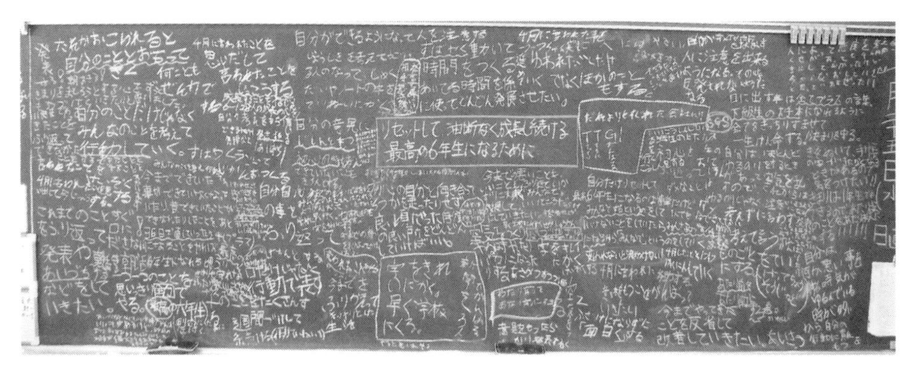

この写真は教室に掲示しておき，自分たちの決意としてその後も振り返ることができた。

その他にも，黒板を使って，書いてあることについて質問したり，書いたことを使って説明をしたりして考えを深めることも重要だ。活動の初期は書くことや白くすることで満足してもよいが，白い黒板のよさは，考えを広げ，深めることにある。写真は，友達が書いた図を使って，自分の考えを説明しているところだ。このような学び場が自然発生的に様々な場所で起こった。黒板に書いたものをみんなの考えだとするこ

とで，それを使って説明することができ，結果的に自分の考えを深めることができるのだ。

3 「行事に向けて思いを高める」

❶活動を広げる

上の写真は，卒業前に感謝を伝える時，誰にどのような思いを伝えるかということを書いた白い黒板だ。これをもとに，最後の参観日に行った保護者の方への感謝の会やお世話になった先生方に感謝の手紙を書くなど，「例年通り」では行わない，子ども発信の心のこもった活動を行った。行事の前にこのように白い黒板で決意を表すことで，その決意から新しい活動が生まれることがある。子どもたちの思いを大切にしているので，その派生した活動にはあたたかみがある。

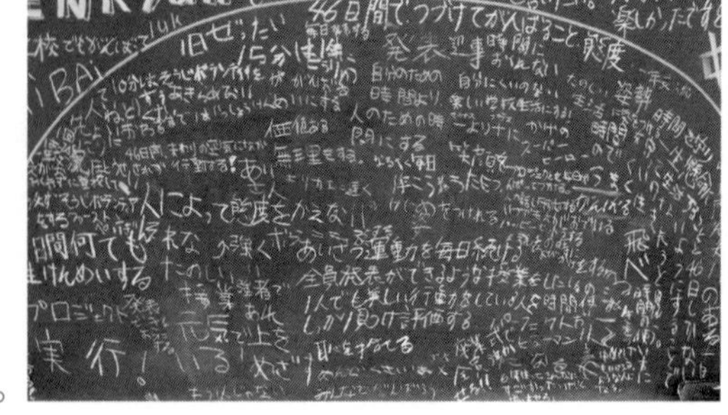

卒業に向けた白い黒板も何度も行った。行事は，その瞬間も大切だが，それよりも大切なのが，そこにたどりつくまでの道のりだ。卒業までに何を続けるのかという決意を黒板に残した。

その中には，朝のボランティア掃除，あいさつ運動，１年生との交流遊びなど，これまでも数人が行っていた活動が出てきた。それをプロジェクトにして，３学期に卒業プロジェクトとして子どもたち主導で始めることができた。白い黒板と生活はつながり，考えをまず見える化して残し，行動につなげる文化をつくることができた。

❷白い黒板を自発的に行う

朝，学校に登校してから朝学習の時間までに書いたり，授業時間を使ったり，放課後書いて帰ったりと，必要な時に書いてそれを使ってまた話をする。それが自発的に行われることで自分たちで自分たちの生活を見直す自律の心が育ったと感じる。「白い黒板」は目の前の子どもたちの心の状態を写し，目標をつくる活動であることを意識して計画的に行いたい。

【参考文献】
・菊池省三・菊池道場　著『言葉で人間を育てる菊池道場流「成長の授業」』中村堂
・菊池省三・内藤慎治・井上洋祐　著『写真で見る　菊池学級の子どもたち』中村堂

（野口　泰紀）

菊池メソッド
8

試練の十番勝負

試練の十番勝負とは

「試練の十番勝負」とは，１年間の学級の成長，個々の成長を可視化していくものである。そして，学級が閉じられる最後の最後まで，子どもたちを成長させていくための試練であり，勝負の場でもあると言える。

〈具体的な手順〉

◆教師が子どもたちに10個の「問いかけ」を行う。

◆１日１個の「問いかけ」について行う。

①教師が「問いかけ」を黒板に書く。

②子どもたちは，考えたことを成長ノートに書く。

③教師は子どもたちが書いたものを読み，その子らしさが出ているところや引き出したいところ，もっと深く考えてほしいところを確認する。

④全員が順々に教師が赤線を引いた部分を黒板に書く。

⑤黒板に書かれたことをもとに質問したり，話し合ったりする。

1　自己内対話を生み出す「問いかけ」

３月頃になると，子どもたちは，実体験を通して美点凝視する価値を理解できていたり，その視点（価値語）を多く獲得したりしている。また，ほめ言葉のシャワーや日々の話し合いのある授業を通して，教室の中にはあたたかい関係性があふれている。学級への帰属意識も高まっている。

「試練の十番勝負」は，ただ思い出を書き残すものとは違い，自己または学級の成長を振り返り，可視化していくものである。そうするためには，教師が何を問いかけ，どのように話し合わせていくかという見通しをもって臨む必要がある。

【昨年度のテーマ】
第１戦「自分にとって５年１組とは何だったのか」
第２戦「成長ノートは自分の何を成長させたのか」
第３戦「ほめ言葉のシャワーは５年１組をどう変えたのか」
第４戦「なぜ５年１組はマイナスな自分たちをプラスの成長に変えられるのか」
第５戦「５年１組を漢字一文字で表すと何か」
第６戦「５年１組の特長（学習編）」
第７戦「５年１組の特長（生活編）」
第８戦「成長のターニングポイント」
第９戦「『言葉の力』とは何か」
第10戦「新しい学級の中であたたかい関係をつくるために必要なこと」

「問いかけ」は，「一人ひとりの学級像を問うもの」「核となる実践の意義を問うもの」「成長を続けていくために必要なことを問うもの」などに分けられる。どの「問いかけ」にも通ずることが，「つなぐ」ということである。集団と個のつながりを再認識できるもの，過去の自分と現在の自分をつなぐもの，そして，未来の自分を思い描くもの。そういった価値ある「問いかけ」を考えておく必要がある。

第９戦「『言葉の力』とは何か」

2　集団と個のつながり

先にも述べたが，「試練の十番勝負」は，学級が閉じられる最後の最後まで，子どもたちを成長させていくための取り組みである。「問いかけ」の中に教師の意図が表れ，それにより子どもたちから引き出されるものも変わってくる。第８戦のテーマは，「成長のターニングポイント」であった。「ターニングポイント」と提示したことにより，多くの子どもたちの成長ノートには，具体的なエピソードとともに，友達の名前や「みんな」という言葉が多く使われていた。ここで子どもたちの成長ノートを紹介したい。

> ぼくのターニングポイントは，○○さんと隣の席になった時です。○○さんとの私語が多くて周りの人に迷惑をかけていました。けれど，みんなから「こうなってほしい」とかメッセージをもらって，自分でも反省することができました。（後略）

> ○○さんの自己開示する姿で，自分は変わったと思います。理由は，以前は自信をもって発表することができませんでした。○○さんを尊敬しています。これからも，もっともっと自己開示していこうと思いました。（後略）

それぞれが，考えたことを黒板に書き出し，伝え合っていく。教室の中には，自然と仲間へのほめ言葉があふれる。子どもたちのつながりが一段と強くなっていくのを感じる瞬間である。友達ががんばっている姿に刺激を受けて成長できた子，友達がかけてくれた一言で悩んでいたことが小さいことに思えた子，けんかしたことがきっかけで友達と仲良くなれた経験をした子など様々だ。年度当初は教師が「つなぐ」のであるが，１年間同じ教室で時間を共有する中で，子どもたちは関係性を広げ，強く，あたたかくしていく。「人は人とのつながりの中で成長する」のだと，子どもたちが教えてくれた。そして，学級が閉じられるまでの残された時間，もっと友達とかかわり，成長していこうと思えるのだろう。

3 過去と現在のつながり

どのような「問いかけ」をするのかは，学級の実態によって変わってくるのではないかと思う。第４戦「なぜ５年１組はマイナスな自分たちをプラスの成長に変えられるのか」は，その時の学級ならではの「問いかけ」ではないだろうか。私が担任していた学級には，「マイナスの自分は，プラスの成長」という子どもたちが創った価値語があった。失敗しても，そこから学び成長する経験を何度もしている子どもたちだからこそ創り出せた価値語である。それを学級に置き換えた時，学級の成長がたくさん見えて，さらに成長していこうとする姿勢をもてると思い，上記のように問いかけた。それに対する，ある子どもの成長ノートである。

> ぼくは，いやなことをいいことに変えるという行動にプラスの成長があるんだと思います。（中略）ＳＡ（※）に行くまでに失敗をしていると成長した実感をもって，もうＢ（※）には行きたくないと思うから，そこで止まらずもっと上を目指します。だから，マイナスな自分たちはプラスの成長なんだと思います。
> ※「ＳＡ」「Ｂ」…成長段階。Ｂ→Ａ→Super A

「試練の十番勝負」を行うと，過去の自分を振り返ることができる。その多くはうまくいかなかったことや友達とのトラブルなどである。しかし，今の自分から見れば，その経験があったから成長できたと思えるのだろう。「過去は変えられない」と言われるが，過去を「どのように価値づける」かは，変えられるのではないだろうか。過去を肯定的に価値づけすることができた時，現在をよりよく生き，未来を見つめることができる。そして，残りの日々も精一杯成長しようとやる気になれるのだろう。学級が閉じられる最後の瞬間まで，子どもたちと成長していきたい。

4 個の確立

学級開きをする時に，「どのような学級にしたいのか」というゴールイメージをもっておくことは大切なことである。もちろん，学級がまとまり，仲間と協力し合う姿が望ましい。しかし，「その学級だから楽しく過ごせた」のでは，不十分であるように感じる。公社会で異なる価値観をもつ人たちと協力しながら仕事をしていく「人」を育てるのであるから，新しい環境に置かれても，誰とでもつながる力を育てていきたいと考えている。つまり，「個の確立」である。そこで，最後の第10戦では，「新しい学級の中であたたかい関係をつくるために必要なこと」を問いかけた。

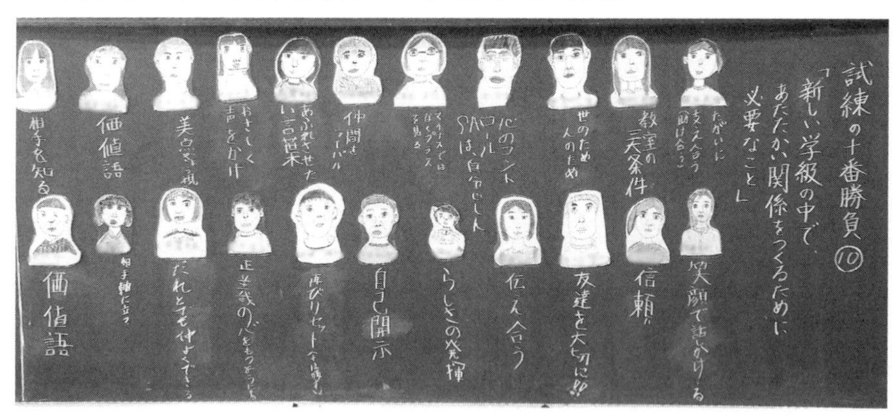

第10戦「新しい学級の中であたたかい関係をつくるために必要なこと」

> 新しい学級になってがんばりたいことは再びリセットです。理由は，今まで同じクラスになったことのない人もいるから，リセットしてマイナスな考えを消して，よいところを見つけていきたいです。直してほしいことは言いたいけど，きつい言葉は使わないようにしたいです。仲間が変わるので，考え方も変えたいです。（後略）

1年間，友達のよさを見つける「美点凝視」と「言葉」を大切に仲間とのつながりをつくってきたことが伝わってくる。特に「仲間が変わるので，考え方も変えたい」ということは，自己中心的な考え方ではなく，自分も相手もそして学級もよりよく成長していく関係性を築きたいという考えであろう。大人でもなかなか難しいことではあるが，公社会の中ではとても大切な考え方，生き方である。黒板に書き出された言葉は，きっと子どもたちが1年間仲間と過ごす中で大切にしてきたことなのだと思う。その力を信じて新しい学級の中でもあたたかい関係を築き，新たな学びをしていくだろう。

5 現在と未来をつなげる〜「成長」の学びは続く〜

「試練の十番勝負」を行う意義は大きく2つあると考えている。

1つ目は，学級の成長（子どもたち同士の関係性の豊かさ）を確認できることである。子どもたちは1年間を振り返り，友達への感謝の思い，学級への思いを伝え合う。「ほめ言葉」があふれる教室にはとてもあたたかい関係性がある。2つ目は，自分らしさに気づくことである。自分自身を見つめることが，自分を見つめるもう一人の自分（俯瞰する力）を育てることになると感じる。自分らしさを自覚し，他者も認めることで，自分は自分でいいのだと自己肯定感をもつことができるのだろう。

これら2つの側面から，1年間積み重ねてきた土台を強固なものにしていく。そして，築き上げた土台から，今まで見えなかったこれからの自分を見つめる気持ちが生まれると信じている。人間関係を築くことが苦手な子が，「クラス替えが怖いです。でも，さらなる成長のチャンスです」と話してくれた。学級への愛着を土台にした，新たな道（未来）への覚悟なのだろう。

【参考文献】
・菊池省三　著／関原美和子　構成『菊池省三の学級づくり方程式』小学館

（鈴木　勇介）

菊池メソッドを生かした365日の学級経営

新学期前の準備
初日の学級経営
１学期の学級経営
低学年／中学年／高学年
２学期の学級経営
低学年／中学年／高学年
３学期の学級経営
低学年／中学年／高学年

新学期前の準備
１年間の見通し

Point

●３月のゴールイメージをもとう
●ゴールイメージをもとに年間プログラムをつくろう

1　ゴールイメージをもつ

３月，教室にはどんな言葉があふれているだろうか……。
子どもや教師（自分自身）はどんな姿・表情で生活しているだろうか……。
１年間の学級経営は「ゴールイメージをもつこと」から始まる。
「一人も見捨てない」「成長させる」という教師の強い覚悟とともに，ゴールイメージを具体的にふくらませていく。ゴールイメージがはっきりしているからこそ，そこに行くための方法も明確になる。

３月の教室はどんな教室？
□ほめ言葉のシャワーではどんな言葉が交わされている？
□成長ノートにはどんなことが書かれている？
□話し合いの中で子どもたちは誰と話し，どんな表情を見せている？
□係活動はどんな進化を遂げている？
□教室の中にはどんな掲示物がある？
□教室の空気はどんな空気？　など

２ 年間プログラムをつくる

ゴールイメージをもったら，次はそこに向かうためのプロセスを具体的にしていきたい。次の表は８つのメソッドについて各時期のキーワード例をまとめたものである。

	１学期 ２：６：２　個>全	２学期 ８：２　個<全	３学期 SA　個≧全
①ほめ言葉のシャワー	観察力	相手が好き	自分も好き
②価値語の指導	教師中心	教師から子どもへ	子ども自ら
③コミュニケーションゲーム	楽しさ	非言語の重視 やり方の工夫	自分も他者も 大切にし合う
④２種類の話し合い	キャッチボールの 楽しさ	全体で白熱	個人で白熱
⑤係活動	自分らしさ	サークル	集団
⑥成長ノート	質より量・スピード　自分らしさの発揮 自信と安心　型→自由→型→自由→……		自分らしさを 育て合う
⑦白い黒板	全員参加	集団の高まり	個と集団で考え続ける
⑧試練の十番勝負			自問自答 個と集団の確立

菊池実践では，８つのメソッドが複合的・相乗的にからみ合いながら子どもたちの言葉の力を高めていく。したがって，８つのメソッドにさらに自分の学校（学年）の「行事」や「学習単元」をからませ，自分なりの年間プログラムを作成しておくことで，より具体的な年間プログラムをつくることができる。また，「学期ごと」のプログラムを「月ごと」「週ごと」の計画へとさらに細分化していけば実践の精度をさらに上げていくこともできる。

当然，学級がスタートすれば想定していなかったことも起きる。しかし，こうした具体的な見通しがあることで，いつでも修正・改善を図ることができる。４月に「一人も見捨てない」「成長させる」と覚悟を決めてから，くり返し修正・改善を図りながらゴールに向かっていくイメージをもつことで，教師は子どもの成長を信じ，教室の事実に向き合うことができる。

新学期前の準備
子どもの情報収集

Point

- 「先手を打つ」ための情報収集をしよう
- 情報をもとに「らしさ」を引き出し，「つながり」をつくろう

1 「先手を打つ」ための情報収集

先入観をもたないようにするためにも，事前の情報収集はしない方がいい。そのような考え方もあるが，私は始業式前に子どもの情報収集を行うことにしている。理由はいくつかあるが，一番の理由は，

先手を打つため

である。

学級スタート時期に必要な「先手」とは，言い換えれば「『らしさ』を引き出し，『つながり』をつくるためのきっかけをつくること」である。学級の中には，何もしなくても自分から教師や友達とかかわりをもち，自分をアピールできる子がいる。一方で，自分からはなかなかかかわれず（かかわらず），少し離れたところから様子をうかがっている子もいる。

「この先生なら，このクラスなら，１年間やっていけそうだ」

始業式前の情報収集は，出会いの時期に，少しでもそんな期待や希望を抱けるようにするためのものではないかと考える。

2 どんな情報を集めるか

●昨年度の担任（養護教諭，昨年度学年主任など）から情報を引き継ぐ。
●指導要録，個別の指導計画などの文書を見る。
●学校で保管している子どもたちの持ち物（ノート，ファイルなど）を見る。

情報は多いに越したことはない。しかし，他にもやるべきことがたくさんあるこの時期に，実際にできる情報収集はかぎられている。では，こうした方法を通して得るべき情報とはどのようなものか。具体例をあげてみる。

①名前（読み方）	②生年月日（誕生日）
③好き（得意）なこと，教科	④好きでない（苦手）こと，教科
⑤友達や家族，教師とのエピソード	⑥学校生活の中で配慮すべきこと

①～③の情報は“出会いの印象をプラスにする”ものであり，④～⑥の情報は“出会いの印象がマイナスになるリスクを防ぐ”ものである。

「あなたが菊池省三さん？　たしか４月７日が誕生日だったね」

突然そう言われてとまどう子もいるかもしれないが，それまで友達や先生から特別な関心を向けてもらったことがない子ほど，自分に好意的な関心を向けられることはうれしいことであるに違いない。

また，ある子が車の話を始めた時，その子が「車の名前に詳しい」ということを知っていれば，その話を「その子にとっての特別な話」としてじっくり聞くことができるし，ある子が「武将の本が好き」ということを知っていれば，「戦国時代に詳しい○○さん，わかる？」とさりげなくその子らしさにふれながら授業を進めることもできる。

「先手を打つ」とは決して子どもたちを「管理」するためのものではない。あくまで一人ひとりの「らしさ」を引き出し，「つながり」をつくりながら，群れを集団に変え，子どもたちをゴールに導いていくためのものである。

新学期前の準備
出会いの準備

Point

- 8つのメソッドを意識して準備しよう
- ほめるポイントを事前に書き出しておこう

1　8つのメソッドを意識した準備を

出会いの準備にあたっては,「事務的な準備」に加えて, 次の準備が必要である。

①教師の願い　②学級のルール・システム　③「最初の1週間」の計画

特に, ここで言う②「ルール・システム」とは,「当番の回し方」や「宿題の出し方」だけにとどまらず, 8つのメソッドの土台となるものも含んでいる（例えば「発言の仕方」や「発言の聞き方」「辞書を置く場所」「作文の書き方」など)。もちろん全てを一度に指導できるわけではない。①との関連も意識しながら, ③「最初の1週間」の計画を立てる中で, いつ・どんなことを指導していけばよいかを事前に考え整理しておくことが大切である。

「最初の1日」で大切にしたい指導（例）
□ほめることからスタート □リセット→Aの道かBの道か □叱るポイント3つ □成長ノートの書き方　など

「最初の1週間」で大切にしたい指導（例）
□切り替えスピード　□質より量 □公の仮面をかぶる　□先を読む □「どうぞ」「ありがとうございます」 □トーンを上げる　□正対する　など

2 「教師の見る目」も準備しておく

出会いの時期は，慌ただしい。慌ただしさに身を任せていると，いつの間にか時間だけが過ぎていたということも十分あり得る。中国の古典に「心ここに在らざれば，視れども見えず」という言葉があるように，子どもの価値ある行為も，教師が「見る目」をもっていなければ，目に入っていたとしてもそのまま見逃してしまうことになる。

したがって，出会いの準備のひとつに，

ほめるポイントを事前に準備しておく

ことも入れておきたい。一例を表にまとめてみる。

予想される子どもの姿（事実）	なぜよいのか（価値づけ）
体を向けて人の話を聞いている	「相手意識」「思いやり」がある
教師の指示にすばやく反応している	「切り替えスピード」がある
前の先生が話し始めたら一瞬背筋を伸ばした	目も使って聞こうとしている
黒板には「座ってください」としか書いていないのに，黙って座っている	プラスαができている 公のマナーが身についている
「ありがとうございます」と言う時に一瞬相手の方に目を向ける	目配り＝気配り 「相手意識」がある
拍手する時にニコニコしている	やさしい気持ちもおくっている

どんな指導も，タイミングが重要である。特に，出会いの時期に丁寧に指導しておいたことが，その後の指導で大きな効果をもたらすことは多い。定着するまで多くの時間を要する場合もあるかもしれないが，それが事前の準備の末に必要感と計画性をもって取り入れられたものならば，必ず実行・継続する価値があるはずである。

入念な準備は教師の余裕を生む。そして，その余裕は子どもの前に立った時の落ち着いた表情やあたたかいほめ言葉にもつながるはずである。

新学期前の準備
黒板メッセージの準備

Point

- ●担任との出会いに「期待」がもてる黒板をつくろう
- ●「仕掛け」のある黒板をつくろう

1　黒板メッセージの役割

1日目の朝，教室に入った子どもたちが最初に担任の姿を感じるものが，黒板に書かれたメッセージかもしれない。だとすれば，その黒板は，

> 担任との出会いに「期待」がもてるもの

にしたい。さらには黒板の言葉を声に出して読んでみたり，「誰だろうね」などと周りの子とおしゃべりしたりしたくなるような黒板にしたい。

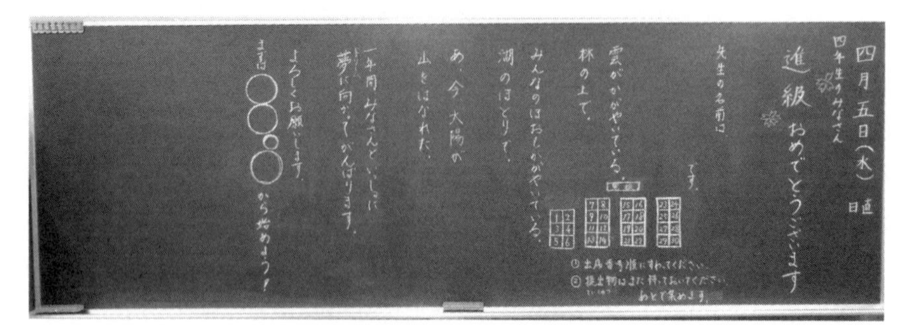

黒板メッセージ（before）

2 「仕掛け」のある黒板メッセージ

1日目の黒板は「出会う前」だけではなく「出会った後」にもつながるようなものにしたい。特に，教師が一方的にメッセージを伝えるだけでなく，

教師と子どもとの双方向のやりとりによって一緒に考え，つくっていく

ような黒板にしたい。次の手立ては，そのためのいくつかの仕掛けである。

◆キーワードを空欄にしておく
◆黒板の5分の1を空けておく
◆簡単な指示を書いておく
◆黒板の内容をその後の授業とつなげておく　　など

始業式前の誰もいない教室で黒板にメッセージを書く。一人ひとりの子どもたちの姿を思い浮かべながら黒板に向かうこの時間は，担任にとって「一人も見捨てない」「成長させる」という覚悟を決め，子どもたちとの明るい未来を思い描いて胸を高鳴らせる大切な時間であるに違いない。

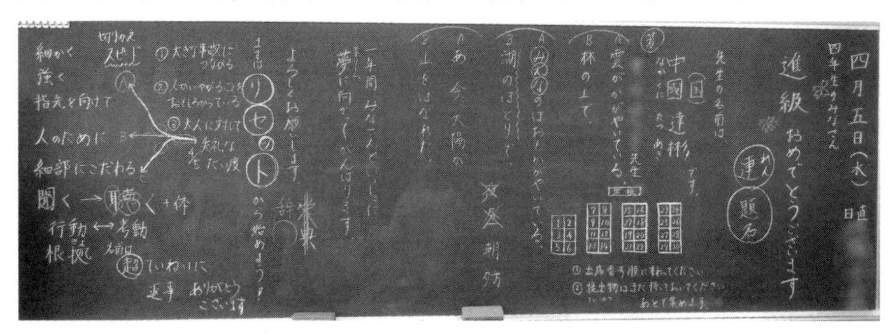

黒板メッセージ（after）

（中國　達彬）

初日の学級経営
放課後の教室での振り返りと準備

Point

●メモとカメラを活用しよう
●圧倒的にほめる準備をしよう

1 安心できる学級の土台をつくる

着任式，始業式，学級開きでは子どもたちのほめるポイントをたくさん見つけることが大切である。教師が話をするだけでは，子どもたちのよさは見えてこない。子ども同士の活動をたくさん取り入れることによって，ほめる視点がたくさん生まれるのである。その都度メモをとって，子どもたちの価値ある姿を写真に収めて記録をとっておく。放課後の早いうちに子どもたちの姿を思い浮かべながら，一人ひとりのほめ言葉を板書していく。

菊池氏は，著書『アクティブ・ラーニングの土壌を育む　菊池流学級づくり　小学４・５・６年』（喜楽研）の中で，

> ４月の年度始めは，積極的にほめることが大切です。教師のほめる内容は，伸びて欲しい方向性そのものだからです。そうして，（今度の先生は，自分たちのよいところを見てくれる）と感じられれば，新しい学級に所属することへの安心感にもつながります。

と述べている。

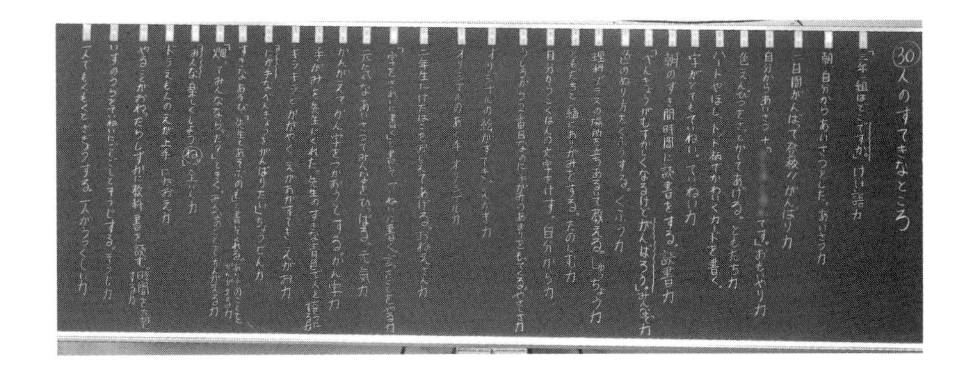

2 価値ある行動を「写真＋価値語」で伝える

ドリアン助川さんが，「言葉を植林する」とおっしゃっていた。「言葉で人を育てる」菊池実践において，価値語を子どもたちに植林していくことは必須である。「どういう行動が成長に結びつくのか」「公・社会にふさわしい行動とはどういうものなのか」言葉を通して伝えていく。教師が一方的に押しつけるのではなく，子どもたちの価値ある姿から伝えていきたい。事実（写真）に価値づけすることによって，価値ある行動が可視化できてよい。

3 2日目以降のほめる視点をもっておく

「教師のみる目が，子どものみる目」になるのである。教師は，圧倒的なほめる視点をもっておかなくてはいけない。初日の子どもの姿に応じて2日目の活動を考える。その時に，どのような姿であるべきか考えておく必要がある。理想の姿を考えておけば，教師の言葉がけが変わり，子どもの変容が見られ，圧倒的なほめ言葉を子どもたちにプレゼントできる。

初日の学級経営
担任発表

Point

●ほめるポイントを見つけよう
●笑顔で子どもたちと出会おう

1 子どもたちとの出会いの前にやりたいこと

始業式の日は，子どもにとって１年の中で一番ドキドキ・ワクワクする時かもしれない。「誰と同じクラスになるのかな」「担任の先生はどんな人なのかな」と期待と不安が入り交じっていることだろう。

学級の子どもたちと出会う前に，教師は子どものことを観察することができる。そこで，始業式には，メモ帳とカメラを持って臨みたい。学級全員のほめるポイントを見つけ，後で伝えるためである。

「足先まで意識して，話す人の方に心を向けているんだね。人のことを大切にできる○○さんに大きな拍手をしよう」

ほめるポイントを見つけていくうちに，すてきな子たちとの１年間が楽しみになり，教師自身が自然と笑顔になるのである。２章の「出会いの準備」で述べられているように，ほめるポイントを事前に書き出しておき，教師も子どもも win-win の関係になれる初日を演出したい。

2 明るく，生き生きとした教師

着任式，始業式も終わり，いよいよ担任発表の時である。子どもの関心が最大限に教師の方に向く。それだけ，子どもたちは新しい担任に期待しているのだろう。

教室の雰囲気を決定づけるのに，教師の存在は非常に大きい。「教育」は，「教化（教えて相手が変化する）」と「感化（相手が感じて変化する）」と言われている。

有田和正氏は，著書『教師の実力とは何か』（明治図書）の中で，

> さんまというタレントがいる。彼は大した内容でもないのにオーバーに笑い，雰囲気を楽しくしてしまう。だから，つまらないことをいっても，相手も笑うようになる。
>
> 「おかしいから笑うのではない。笑うからおかしいのである」ということを実行することが，ユーモア術の第一歩である。「笑うかどには福きたり」というではないか。

と述べている。担任発表は，子どもたちと出会う大切な瞬間である。とするならば，教師の明るさ，元気さ，笑顔で子どもたちを感化させたい。

> ①担任の名前が呼ばれた時に元気よく，大きな声で返事をする。
> ②駆け足で学級の子どもたちの前に行く。
> ③「よろしくお願いします」とあいさつをする。
> ④やさしいまなざしとあたたかい笑顔で子どもたちと目を合わせる。

「一人ひとりにとって成長の１年にするぞ！」と覚悟を決める瞬間でもある。

初日の学級経営
出会いのあいさつ

Point

●教師の「パフォーマンス」を意識しよう
●一人ひとりとコミュニケーションをとろう

1 「硬い空気」を「やわらかい空気」に

今年度のことである。子どもたちは，教室に入ると静かに席についていた。とても立派な行動ではあるが，空気が「硬くて，冷たい」と感じた。関係性ができていない教室では，当たり前のことかもしれない。先にも述べたように，教師は子どもたちを感化する存在である。子どもたちの不安を取りのぞくためにも，安心感を与えることが大切である。「やわらかく，あたたかい」空気にするためにも，まずは教師と子どもの縦の糸をつなぐことを意識したい。

2 縦の糸をつなぐために

自分の名前であいうえお作文をつくって，子どもたちに簡単な自己紹介をした。すると，「短い！」「そんだけ！」と反応が返ってきた。もっと知りたいという子どもたちの気持ちを引き出すことに成功した。そこで，「では，問題

です。ジャ～ラン♪　私の好きな食べ物は何でしょうか」とテレビ番組のMCのようにクイズを始めた。「見て見て！　○○さんの手の上げ方がすてきでしょ？　大きな拍手！　では，その隣の△△さんどうぞ」のように，教師が子どもたちとのかかわりを楽しみながら，笑顔あふれる時間にした。ここで大切にしたのは，「この先生となら１年間楽しくやっていけそうだな」と子どもたちに思ってもらうことである。いくつかポイントをあげておく。

・笑顔を絶やさない。
・教室を動き回って，いろいろな子とスキンシップをとる。
・教師自らが無邪気に楽しむ。（いい意味でバカになる）
・拍手を促して場をあたためる。（拍手は，強く・細かく・元気よく・笑顔で）
・常に子どもの価値ある姿を見つけてほめる。（価値づけをする）

3　１日の終わりを笑顔でしめくくる

「今日は１日楽しかった！　また，明日も学校にくるのが楽しみ！」。子どもたちにそんなふうに思って下校してもらいたい。

「帰りのあいさつは，学校を吹き飛ばすぐらいに大きな声で言おう。そして，私とハイタッチをして帰ってね」と伝えた。子どもたちは，「さようなら」「楽しかった」「また明日」とハイタッチをして，元気よく帰っていった。私も「笑顔がすてきだね」「ハイタッチの強さにやさしさがあるね」「手の上げ方が上手だったね」と短いほめ言葉をプレゼントして，ハイタッチをした。

１日の中のコミュニケーションの量が蓄積されて，教師と子どもの縦の糸が強いものになっていく。「子どもは，教師を映す鏡である」（有田和正）。ならば教師は，常に笑顔であたたかい存在でいたいものである。

初日の学級経営

簡単なコミュニケーションゲーム

Point

●明るく，楽しい雰囲気を演出しよう
●子ども同士のつながりを意識しよう

1 かかわりを生み出すコミュニケーションゲーム

コミュニケーションを重視した教師の自己紹介を経て，教室の空気もだいぶあたたまってきたところで，子ども同士のつながりも意識させていきたい。クイズの最中にも「隣の人と確認してみましょう」「先生の好きな芸能人なんてわからないよね，と言って相談しましょう」など，子ども同士のかかわりを促す言葉がけも忘れない。さらに，子ども同士の距離を縮めるために行いたいのが，コミュニケーションゲームである。ゲームを楽しみながら，コミュニケーション力を磨いていくのである。

2 誰とでも楽しめるコミュニケーションゲーム

誰もが知っているじゃんけんにひと工夫するだけで大盛り上がりする。それが「じゃんけん5連勝」だ。ルールは簡単。5回連続で勝たなくてはいけない。4回連続で勝っていても，負けてしまったら0からやり直し。非常に白熱し

て楽しむ。

3 スキンシップのレベルを高めたコミュニケーションゲーム

じゃんけん５連勝で楽しい雰囲気が高まったら，「指相撲」や「腕相撲」などスキンシップのある活動で親近感をさらに高めたい。笑顔があふれて，あたたかい空気が流れている教室でテンポよく活動することによって，男子と女子でも気にせず競い合う姿が見られる。子どもたちは，勝負にすると非常に燃える。「男子 VS 女子にしよう。このクラスではどっちが強いのかな」と投げかけるとより白熱しておもしろい。

4 非言語を育てるコミュニケーションゲーム

子どもたちの大好きなコミュニケーションゲームのひとつに「あじゃじゃおじゃじゃ」がある。これは，『「話し合い力」を育てるコミュニケーションゲーム62』（菊池省三・池亀葉子・NPO 法人グラスルーツ　著，中村堂）で紹介されている。二人一組で行うコミュニケーションゲームである。

あじゃじゃさん役は，立っていて椅子に座りたい。おじゃじゃさん役は，椅子に座っている。あじゃじゃさん役は，どうにかして席を譲ってもらおうと努力するが，使っていい言葉は「あじゃじゃ」だけである。一方，おじゃじゃさん役は，「おじゃじゃ」しかしゃべれない。

いつもは使わない不思議な言葉のやりとりで，子どもたちは自然と笑顔になる。言葉だけでは伝わらないので，自然と体も動きだし，身振り手振りで伝える子が出てくる。その価値を伝え，コミュニケーション力豊かで，あたたかい教室を子どもたちとともに創りあげていく。

初日の学級経営
成長ノートの配布

Point

- ●成長ノートは，宝物になることを伝えよう
- ●成長の一歩を踏み出させよう

1 「成長ノート」は宝物

成長ノートは，菊池氏の「一人前の人間として成長させたい」という強い思いから生まれた作文指導ノートである（『人間を育てる　菊池道場流　作文の指導』中村堂　より抜粋)。あくまでも「人を育てる」ことを目指している。書くことで自己と向き合い，教師の「ほめる」コメントで自信をつけ，さらに成長を促していく。書くことを苦手と感じる子どもが増えているように思える。だからこそ，成長ノートの価値を伝えていく必要がある。

2 リセットと成長曲線

成長ノートを渡す時には，「リセットと成長曲線」の話をする。

> 成長していくＡの道と成長しないＢの道のどちらを選びますか。Ａの道を選んだなら今までの弱い自分や悪い自分は，リセットしましょう。

年度はじめで「成長したい！」と願っている子どもたちに効果のある話で

ある。

3　Aの道を進むためにはどうすればいいか

いきなり「成長ノートにAの道の決意を書きましょう」と言ってもなかなか書けない子がいる。教室は，友達と学び合って成長していくところであるのだから，まずは一緒に考える。「苦手なことにもチャレンジする」「思いやりをもつ」など，たくさんの意見が出てくる。成長のイメージを共有したところで，成長ノートを一人ひとりに配布する。

> 今，クラスの仲間と「成長し合おう」って決意したでしょ。3年1組のキーワードは「成長」だね。今から「成長ノート」をつくっていきます。1年間の「成長」の足跡が残る大切なノートです。1年後には，一人ひとりにとって宝物になっていますね。

子どもたちは真剣な表情で「成長ノート」を書き始める。

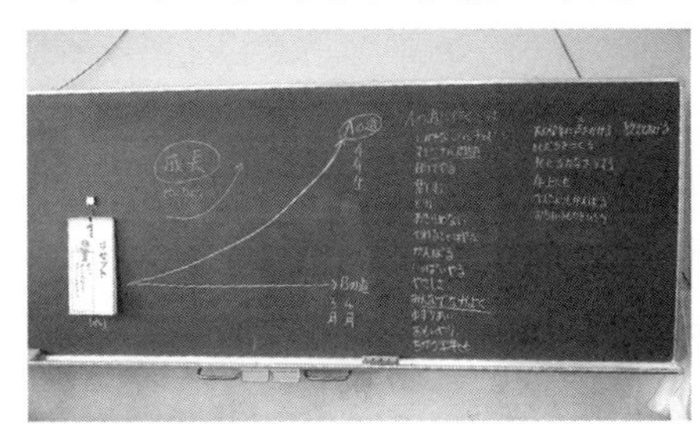

> ぼくは友達や先生といっぱい話して，いっぱい勉強して，Aの道に行くことに決めました。他にも，協力とか努力とかいろんなことをいっぱいやって，Aの道に行くためにがんばろうと思います。それを忘れない。

児童の成長ノートより　　　　（林　祐太）

1学期の学級経営（4月）

コミュニケーションゲームから始めよう

Point

- ●プラスの言葉かけでつながろう
- ●押さえておきたい「観」を確認しよう

1 「コミュニケーションゲーム」の意義

1年生の4月は，学習や生活のきまりもしっかりとは身についておらず，自己中心的な行動が見られることもある。そのため，しつけをすることも大事だが，それだけではなく，他者意識をもったあたたかい学級づくりを目指したいものである。そこで私は，「コミュニケーションゲーム」を積極的に取り入れ，他者意識を高めることで，教師と子ども（縦糸），子どもと子ども（横糸）の信頼関係を高めていく。菊池氏は，コミュニケーションゲームの意義について，著書『「話し合い力」を育てるコミュニケーションゲーム62』（中村堂）の中で，次のように述べている。

> コミュニケーションゲームを通して，単に体系的な知識や技術を得るだけではなく，態度や技術の習得が可能となり，自分から人に関わろうとする力，実際の生活の中での出来事や問題に対応する力や考える力を，子どもたちが自分の力で身につけていくことができるでしょう。つまり，他者と互いを大切にし合う「話し合う力」を育てることができるでしょう。

低学年
中学年
高学年

2 プラスの言葉かけでつながる

子どもたちにとって大切なことは，活動中に，教師が子どもたちの様子をしっかり観察し，プラスの行動や心の変容（不可視）部分を，価値づけながら大いに認めてあげることである。不安が多い４月の時期は，教師と子どもの信頼関係を築いていきたい。

ここで，私が行った「コミュニケーションゲーム」を１つ紹介する。

それは，「いいね！　大作戦」というものである。ルールはとても簡単で，

①ペアの人を決めて，その相手のことをよく観察する。

②相手のよいところを伝え合う。

というものである。この活動をすることで，相手をよく観察するようになるとともに，プラスの言葉を伝え合うことで，友達同士もあたたかくつながっていける。

3 押さえておきたい「観」

ここで，コミュニケーションゲームをするにあたって，私なりに意識していることを紹介する。

①継続的に実施すること。

②１年生にわかる言葉で伝えること。

③なかなか自分から話せない子どものフォローも忘れずにすること。

継続的に実施することで習慣化し，他者とかかわり合うことに意欲的になると信じることである。また，１年生の子どもたちの心に入っていくように，わかりやすい言葉やたとえで伝えていく。本気の言葉，美点凝視の覚悟が必要である。さらには，自己開示が苦手な子どもに対しては，教師が言葉をつないであげたり，かわりに伝えてあげたりすることで，自己開示しやすい雰囲気をつくることも大切にしている。

（加倉井　英紀）

1学期の学級経営（4月）
アイデアあふれた自己紹介でほぐそう

Point

- ●コミュニケーション力を育てよう
- ●「自分のある」自己紹介をしよう

1 コミュニケーション力は「思いやり＆やる気」

新学級になり，多くの学級の人間関係は硬く，冷たい。教師には，マッサージするかのように人間関係をほぐしてあたためる役割がある。よりよい人間関係は「コミュニケーション力」を丁寧に育てていくことで築かれる。

そこで，コミュニケーションをとる活動を多く仕組む。教室が子どもたちの声であふれるような時間をつくるのである。

以下，菊池氏が考案したコミュニケーション力の公式である。

> コミュニケーション力＝（声＋内容＋態度）×相手軸

相手の立場に立つ「相手軸」だけが，かけ算になっている。「相手軸」が0だったら，コミュニケーション力も0ということだ。

低学年では，コミュニケーション力と「相手軸」のつながりについて伝えた。「相手軸」は2年生にもわかりやすいように，「思いやり＆やる気」と言葉をアレンジした。

低学年
中学年
高学年

2 「自分のある」自己紹介でつながる

4月といえば，自己紹介。できれば「自分のある」自己紹介が望ましい。「自分のある」自己紹介をすることで，相手の印象が記憶に残ったり，共通点を発見したりできる。つまり，相手のために自己紹介をするのである。

学級では，自己紹介をスピーチと捉え，以下の型で自己紹介をした。

①あいさつ	②名前	③エピソード・自分らしい一言
④相手（みんな）に一言		⑤あいさつ

ポイントは③。③が「自分のある」自己紹介へと変えていく。

私は「コミュニケーションとは，対話を通して他者との違いを理解すること」と考えている。自分は世界で一人。そんな「自分」の紹介をすることで，自己理解や相手理解が進み，子ども同士の関係もつながれていくのである。

子どもたちも一人の人間であり，活動した途端によりよい方向へ変化することはない。これは，失敗経験から学んだこと。決して，焦ってはいけない。

「自分のある」自己紹介でも，型を示したからといってすぐに活動しない。個人で原稿を書き，自由に立ち歩かせてペアやグループで聞き合い，握手やハイタッチなどスキンシップを混ぜながら練習する。次第に，笑顔が出たり，話すことに抵抗がなくなったりしていく。その間，よいものを取りあげてほめ，場をあたため続ける。そして全体の前で自己紹介スピーチをする。

4月から計画的・継続的に，コミュニケーションをとる活動を仕組み，ゆったりとほめる構えの心で，よりよい人間関係を築くコミュニケーション力を育んでいこう。（大西　一豊）

1学期の学級経営（5月）
係活動を成長の場にしよう

Point

●係活動の価値を伝えよう
●子どもたちの変容を感じとろう

1 「係活動」の価値

係活動　：自分もみんなも楽しくクラスを明るくする活動。
　　　　　（なくても生活はできる）
当番活動：学級が円滑に回るために一人ひとりが責任をもって行う活動。

係活動と当番活動については，線引きが必要であると私は捉えている。しかし，その存在が混在していたり，最初だけ所属する係を決めて，あとは活動せず，存在すら忘れてしまっていたりすることもしばしば見受けられる。

そもそも係活動がなくても生活することはできる。しかし，教師が係活動を決める時の子どもたちのワクワクする気持ちを大切にし，「成長するチャンス」と捉えることで，係活動の存在が価値のあるものに変わっていくのではないかと考えている。そこで，私が大事にしたことは，時間の確保であった。実際には，登校してから始業時間までの15分くらいを係活動の時間として有効活用した。

低学年 中学年 高学年

2 係活動の実際

係活動のことを，菊池実践では，会社活動と言っている。それは，教室を「小さな社会」と捉えているからである。私も子どもたちが決めた係を会社として活動させてみた。しかし，小学校生活が始まったばかりの１年生という発達段階を考えた時に，まず次のようなことを確認する必要があった。

①係活動とはどのようなものか

②どのような係があるのか

①の係活動の存在については，自分もみんなも楽しく，クラスを明るくする活動であるということ，みんなで協力し合って活動し，創意工夫が生かせることなどを確認し合った。

②のどのような係があるのかについては，今まで活動したことがないため，好きな遊びやみんなとやると楽しくなるような活動について考えを出させてみた。いくつか出たものの中から話し合った結果，お笑い・読み聞かせ・クイズ・かざりの４つの係に決まった。そうして，朝の時間を中心に係活動（会社活動）が始まった。

3 「子どもたちの変容」を感じとる

係活動を始めて３週間くらい経った頃，変化が見られるようになってきた。ある子どもが「みんなにゲームを出して，勝った人に折り紙でつくった景品をあげてもいいですか？」と言いだした。その行動を価値づけして称賛し，みんなに紹介した。これを機に，それぞれの係が全員に呼びかけをし，自分らしさを発揮した係活動へと進んでいった。その後，全員で楽しむような活動が見られるようになった。それにともない生活でも，相手を思いやる心が少しずつ感じられるようになってきた。集団のかかわりが多くなってくる５月に，自分らしさを発揮する係活動はいかがだろうか。　（加倉井　英紀）

1学期の学級経営（5月）

価値語の指導を始めよう

Point

●価値語でプラスへ導こう
●教室の事実で価値づけしよう

1　プラスに導く「価値語」

価値語とは，「子どもたちの考え方や行動をプラスに導く言葉」である。年間を通して指導する。菊池学級で有名な価値語のひとつ「一人が美しい」は，「群れることなく，自分の考えで一人でも行動できる」という意味である。低学年では，言葉として理解しやすくするために，「価値語」を「スマイル言葉」とネーミングした。意味も「自分もみんなもスマイルになるような言葉」とアレンジした。

子どもたちの心に価値語が増えると，教室はプラスの空気へと変化する。それは，言葉によって正しさやよさが明確になり，励まされたりプラスの行動へと促されたりするからであろう。

2　3種類の「価値語」

では，どのようにして価値語を示し，伝えていけばよいのか。

私は，価値語には３種類あると考えている。

１つ目は，「与える価値語」である。子どもが知らない言葉は，教師が教える必要がある。例えば，「素直なＡのバケツ」などがある。教室の事実に合わせて話をしながらイラストで可視化すると，理解が深まる。

２つ目は，「切り取る価値語」である。子どもの姿にスポットライトを当てて価値づけをする。例えば「学び合い＝よりそい」などがある。一瞬の姿を記録するためにも，写真で残すことが有効である。言葉と子どもの姿をセットで示し，教室に掲示しておくこともできる。

３つ目は，「生み出す価値語」である。子どもの作文や会話に出てきた言葉を価値語にする。学級では「努力×努力＝無限大」という価値語が生み出された。生み出した子どもは，「相手が努力していても，自分が努力していなければ，努力していないのと同じです。ということは，自分も努力していれば，力は無限大になります。だから，努力×努力＝無限大です」と説明してくれた。強い思いと関係性がぎゅっと込められた言葉である。

価値語の指導で何より大事なことは，必ず子どもたちの姿である「事実」と関連させることである。すると「価値語」は子どもたちの心で「生きた言葉」となり教室があたたかい「事実」であふれていく。（大西　一豊）

1学期の学級経営（6月）

話し合いのある授業を始めよう

Point

●自分の考えを話す体験をさせよう
●理由に表れる自分らしさを実感させよう

1 「自分の考えでいいんだ」の体験

菊池学級の授業の特徴は，「話し合いのある授業」である。話し合いとは，「自分の考えを述べ，相手の意見に耳を傾けることで，様々な価値観があることを知ること，様々な価値観をすり合わせることによって，新しい価値観を見出すこと」と考えている。

まずは，子どもたちが「自分の考えでいいんだ」の体験をすることが大切。話し合いのある授業を通して，話し合いへの抵抗や困難さを消していくことが，この先の話し合いの授業においても必要不可欠だからである。

2 理由＝自分らしい考え・価値観

菊池氏の実践「１本のチューリップ」で「自分の考えでいいんだ」の体験

をさせる。低学年でも十分にできる。以下，ストーリーと発問である。

①花子さんが，学校のチューリップの花壇から１本のチューリップをとって帰った。○か×か。
②実は，花子さんのおばあちゃんは，病気で寝たきりである。おばあちゃんは，チューリップが大好き。花子さんは，おばあちゃんのためにチューリップをとったのだ。○か×か。
③花子さんはどうすべきだったのか。
④あなたならどうするか。

発表は，必ず理由とセットにする。理由には，自分らしい考え・価値観が表れるからである。つまり，「理由＝自分らしい考え・価値観」なのである。教師は，どんな理由であっても，大事にしなければいけない。授業後の振り返りでは，「たくさん理由を出し合ったので，黒板を消したくない」「早く話したいと思った」「○の理由に納得してしまった」「いろいろな考えがあった」「みんなが聞いてくれるから発表しやすい」などがあった。

このように，相手の考え・価値観にふれながら，自分の考え・価値観を話すことで「自分の考えでいいんだ」と実感でき，話す「自信」へと結びつき，安心して話ができる子どもたちへと育っていくのである。　　（大西　一豊）

1学期の学級経営（7月）

ほめ言葉のメッセージをおくり合おう

Point

- 「ほめること」の価値を感じとろう
- 子ども一人ひとりの成長を伝え合おう

1 ほめることの価値

ほめることについて，菊池氏は『コミュニケーション力で未来を拓く これからの教育観を語る』（中村堂）の中で，

> 成長の意味がわかるように教師が仕組んで育てていかなければ，子どもだけではわかりません。わからないとするならば，最初は「教師がほめる」ということに尽きると思います。

と述べている。また，「ほめることは，価値を見つけて認めること」とも述べている。

2 ほめ言葉のメッセージ

4月からコミュニケーションゲームや係活動などで，友達との対話をくり返し行ってきた。そのおかげで，学級全体の積極性が高まってきているという手応えはあったものの，低学年の学級の実態を考えた時に，ほめ合うことに慣れていない子どもも見受けられると感じた。そんな子どもに対して，ただ「友達のよいところを伝えてごらん」と言っただけでは，友達のよいところをうまく伝えることは難しいと考えた。また，時間的な制約もあり，なかなかほめ言葉のシャワーを実施することが難しかった。そこで，まずは，友達へのほめ言葉を文字で表すことにしてみた。思考を整理し，メッセージにすることで，自信をもってほめ言葉をおくるようになってきた。また，教師が率先垂範を心がけ，子どもにほめ言葉をおくるようにした。

3 Aさんの変容

なかなか自分の思いを言えないＡさんという女の子がいた。その子は，とても素直でやさしいのだが，友達の顔色をうかがって，自分の考えや思いを言えずに，友達にすぐに譲ってあげていた。そんなＡさんは，友達からほめ言葉のメッセージをもらうことで少しずつ自信がついてきた。そして，自分から学級のために行動することが増えてきた。また，ほめ言葉のメッセージをおくり合うことで，相手軸（思いやり力）も高まってきた。

自分から率先して
行った行動

その成果として，生活科の学習で，自分たちが発表を楽しむだけでなく，保護者の方に楽しんでもらおうという思いが生まれてきた。

わたしが、きょうせいかつで、がんばったことは、たくさんのおうちのひとや、おかあさん、おとうさんに、たのしんでもらえたことです。

ほめ言葉をお互いにおくり合うことは，あたたかい学級づくりのために必要な要素であり，そのやり方というのはいくつもある。今回は，ほめ言葉のメッセージだった。大事なことは，それらの活動が目的なのではなく，それを通して，子どもたち同士の信頼関係を築いていくことではないだろうか。

（加倉井　英紀）

1学期の学級経営（4月）

教室にほめ合うサイクルをつくろう

Point

- ●ほめることを通して一人ひとりとつながろう
- ●ほめること・ほめられることのよさを体感させよう

1 ほめることを通して一人ひとりとつながろう！

菊池実践では，「言葉で人を育てる」という意識をもって学級経営をしていく。その上で，「ほめる」ことが学級経営のキーとなっている。次の図は，菊池氏が教室の中につくりたい「ほめ合うサイクル」である。

〈スタート〉
教師がほめる　←　みんなのためにカを発揮する　←　子ども同士がほめ合う
↓　〈自分らしさ〉　↑
ほめられた　→　やる気が出る　→　よいことが増える　→　ほめ合う
〈自信〉　〈安心〉

新年度，教室には期待や不安など様々な思いをもった子どもたちがいる。まずは教師が「ほめる」ことを通して，子どもたち一人ひとりと信頼関係を築いていくことが重要だと菊池氏は言う。しかし，ただほめればいいのではない。ポイントは「子どもの行為を意味づけ・価値づけてほめること」である。例えば，話し手の方にさっと体を向けて聞いていた子に対して，「発表しているＢさんが話しやすいように，さっと体を向けて全身で聞いているＣさんは，思いやりのあるやさしい人ですね」と，行為を価値づけてほめる。
　すると，Ｃさんがうれしいだけでなく，「よいこと」が教室に広がり，子どもたちが安心できる居場所ができてくる。特に４月は，ほめることを通して子どもたち一人ひとりとつながり，安心感のある教室をつくっていくことが大切である。

2　ほめること・ほめられることのよさを体感させよう

　学級の実態にもよるが，毎年５月頃に「ほめ言葉のシャワー」をスタートさせる。そのステップとして，４月は「ほめること・ほめられることのよさ」を子どもたちに体感させていく。では，具体的な活動を紹介する。

【ほめ言葉カード】
①Ａ４用紙を配り４つに折り，自分の名前を上の真ん中に書く。
②一度集めて，教師が列ごとにランダムに配布する。
③自分の手元にきたカードに友達の「よいところ」を書く。
④②と③をくり返す。（自分のカードや同じ友達のカードがきた時は，近くの友達と交換する）
⑤４人の友達に書いてもらったものを読み，感想を書く。

　黒板にほめ言葉の例をいくつか書いて，取り組ませる。活動後，ほめ言葉カードが返ってくると，子どもたちは食い入るようにほめ言葉を読む。感想には，「ほめられるとうれしい」「これからも，もっと友達をほめたい」と書かれている。教師は，こうした言葉を紹介しながら「ほめること・ほめられることのよさ」を価値づけていく。４月は，ほめ合う活動をくり返し取り入れて，少しずつ教室に「ほめ合うサイクル」をつくっていくことが大切である。
（堀井　悠平）

1学期の学級経営（4月）
成長ノートを始めよう

Point

●子どもたちが「心の成長」を実感できる取り組みをしよう
●「プラスのストローク（追い風）」をおくり続けよう

1 「成長ノート」のねらい

「成長ノート」は，次のようなねらいをもって取り組むことが大切である。

・教師が子ども一人ひとりとつながり，内面へのアプローチを図る。
・「書く」ことに慣れさせ，自分自身と向き合う自己内対話を促す。
・子どもたちに「心の成長」を自覚させる。

「書くことは考えること」である。「成長ノート」を書き続けることで，自分自身をより深く理解したり，相手や物事の価値について深く考えたりすることもできるようになる。つまり，「成長ノート」を通したインプットとアウトプットをくり返すことで，子どもたちの心に，公の場（社会）で通用する「人」としてのあるべき姿（太く強い芯）がつくられていくのである。

2 「成長ノート」はじめの一歩

具体的に「成長ノート」の「はじめの一歩」について紹介していく。

一人に１冊のノート（成長ノート）を準備する（５㎜方眼で可)。

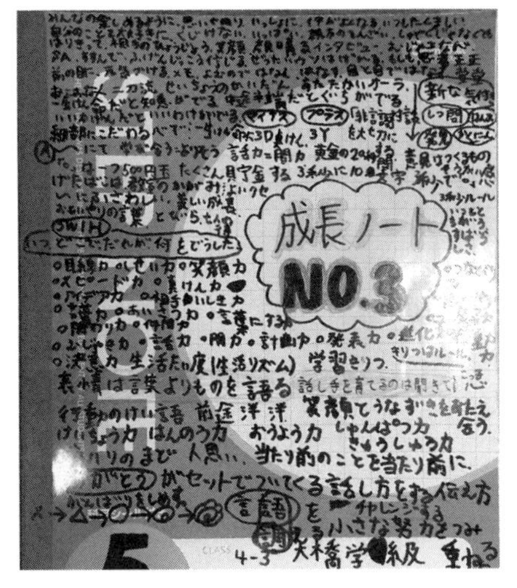

「成長ノート」を配る前に，大切なポイントがある。それは，「成長ノート」を書く意味とその価値をはっきりと子どもたちに説明すること，子どもたちと一緒に考えることである。「なぜ『成長ノート』を書くのか」を理解することで，子どもたちは「自分の成長につながることを１年間書き続けよう」「成長して新しい自分を発見しよう」という前向きな思い，未来の自分への期待感をもつことができる。

「成長ノート」のテーマは，原則として教師が決める。全てのテーマのキーワードは，「成長」である。個の変容，自分や学級の成長に着目させるようなテーマを，それぞれの教室に合わせて設定することが大切になる。（テーマ例：「４年生になってがんばっていること３つと今の気持ち」「『一人が美しい』○○君の写真を見て」「最近の自分の成長した力」「『ほめ言葉のシャワー』３日間を終えて」「４月を振り返って成長したこと」）

３「成長ノート」の大原則

子どもたちが書いた「成長ノート」には，必ず「ほめる」赤ペンを入れて返す。「教師の赤ペンはほめるためにある」のである。自分自身の心と向き合って真剣に書いた「成長」作文に，極微の成長を大きく価値づけ・意味づけした教師からの「ほめる」赤ペンが入っている。そうした紙上対話を１年間続けていく。教師からの「承認や価値づけのストローク（追い風)」を受けるからこそ，子どもたちは自信を深めていけるのである。

（大橋　俊太）

1学期の学級経営（5月）
ほめ言葉のシャワーを始めよう

Point

- ●教師が率先垂範でほめ続けよう
- ●自信と安心感を与え合う「プラスのスパイラル」を生み出そう

1 「ほめ合うサイクル」をつくる

〈スタート〉
教師がほめる ← みんなのために力を発揮する ← 子ども同士がほめ合う
↓　　　　　　　〈自分らしさ〉　　　　　　　↑
ほめられた → やる気が出る → よいことが増える → ほめ合う
　　　　　　　〈自信〉　　　　　　　　　　　〈安心〉

「ほめ言葉のシャワー」を成立させ，教室に「ほめ合うサイクル」をつくるためには，まずは，「教師がほめる」ことが非常に重要である。「スタートは教師である」という心構えを常に強くもち続け，教室の中の子どもたちを細部まで観察し，極微の成長の事実に大きな価値づけ，意味づけをしてほめることが大切である。

教師が率先して1年間ほめ続け「モデルを示す」ことで，子どもたちは「何がよいのか」「なぜよいのか」をインプットし，自分でほめ言葉を考え，学級の仲間にアウトプットできるようになるのである。

低学年 中学年 高学年

2 「ほめ言葉のシャワー」成立までのステップ

私の学級の「ほめ言葉のシャワー」成立までのステップとその主なねらいについて紹介する。

①2人組で，お互いに「ほめ言葉」を伝え合う
・誰とでも「ほめ合う楽しさ」を体験することができる。
・「事実一文＋意見一文」の「ほめ言葉」の話しの型を浸透させる。
・「非言語のコミュニケーション力」を伸ばす（笑顔・アイコンタクトなど）。

②4人の生活班で，その日の主役に「ほめ言葉」を伝える
・主役になれる日が多く，「ほめ言葉のミニシャワー」を体験できる。
・「同じことは言わない」ルールの価値や意味を理解させ観察力を磨く。
・「価値語」を入れている「ほめ言葉」を全体でシェアすることで，語彙を豊かにし，内容のレベルアップを図る。

どちらのステップでも「成長ノート」に「ほめ言葉」を書かせてから伝えるという活動を，学級の様子を眺めながら取り入れていく。子どもたち一人ひとりに書かせた「ほめ言葉」に「ほめる赤ペン」を入れることで，学級全員での「ほめ言葉のシャワー」のスタートへと弾みをつけていくのである。

3 「ほめ言葉のシャワー」の大原則

決して焦らないことだと言える。最初から菊池学級の子どもたちのようにはいかない。個に寄り添いながら，少しずつ少しずつ「自分の教室」の「ほめ言葉のシャワー」を子どもたちと一緒につくりあげていくことが大切になる。「ほめ言葉のシャワー」での，あたたかい「プラスの言葉」のつながりを通して，「自分も相手もみんなも大好き」と言える教室をつくっていくのである。

（大橋　俊太）

1学期の学級経営（6月）

ほめ言葉のシャワーを発展させよう

Point

●子どもたちの「よさ」を見つけて，学級全体に広げていこう
●「ほめ言葉のシャワー」の目的を絶えず確認していこう

1 発展させるカギは「よさ」を広げること

「ほめ言葉のシャワー」を続けていく中で，教師は「同じようなほめ言葉が出てくる」「聞く態度がよくない」とマイナス面に目がいきがちになる。しかし，マイナス面を正す指導ではあまり効果が得られないと菊池氏は言う。それよりも，日々の「ほめ言葉のシャワー」の中で子どもたちの「よさ」を見つけ，それらを取り出して学級全体に広げていくことが大切である。

つまり，「ほめ言葉のシャワー」を発展させていくためには，教師が子どもたちの「よさ」を見つけ，ほめることがカギになるのだ。日々の「ほめ言葉のシャワー」の中に，子どもたちの「よさ」が必ずあるはずである。教師はほめることで子ども同士を「つなぐ」役割に徹していく。例えば，過去と現在を比較してほめた子には，「２年生までのＤ君と比べてほめることができていましたね。Ｄ君の成長をずっと見ているんですね」とほめる。このように，子どもたちの発言の中に見える「よさ」を教師が逃さずにその場で捉えてほめ，価値づけをして教室全体で共有していく。こうした，「よさ」を教室全体に広げることの連続が，子どもたちの成長をさらに加速させていく。そして，「ほめ言葉のシャワー」が軌道に乗るまでは，丁寧に子どもたちの

「よさ」を拾い上げ，ほめ続けることが重要である。

2　目的を子どもたちと絶えず確認しよう

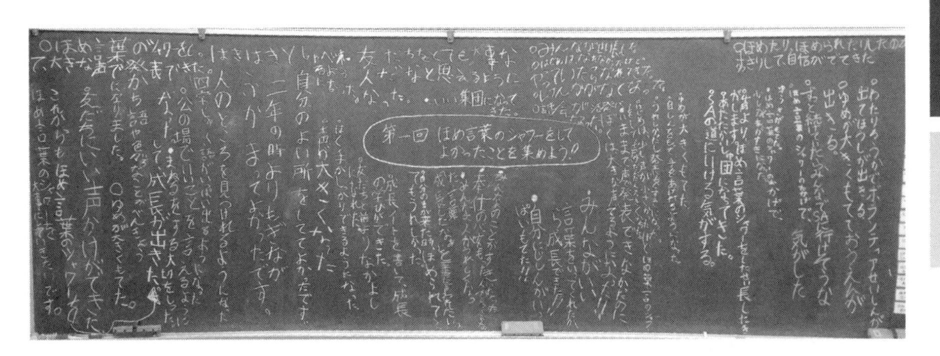

「ほめ言葉のシャワー」の目的は，子ども同士の豊かな人間関係の形成である。上の写真は１巡目の「ほめ言葉のシャワー」が終わり２巡目に入る前に行った「白い黒板」である。「『ほめ言葉のシャワー』１巡目を終えて，どんなところがよかったかを集めよう」というテーマで，一人ひとりが意見を書いていった。子どもたちからは「自分に自信がもてた」「けんかがなくなった」「友達を大事な人だと思えるようになった」といった意見がたくさん出てきた。また「『ほめ言葉のシャワー』を大事にしていきたい」という言葉も書かれている。これらの言葉から，子ども自身が「ほめ言葉のシャワー」を通してほめ合うことの心地よさを実感していることがわかる。このように「ほめ言葉のシャワー」の活動の意味や目的を子どもたちの言葉で振り返っていく。また，「ほめ言葉のシャワー」をよりよいものにするためにどうすればよいかを一緒に考えることでさらに意欲を高めていく。以上のように，１巡目をしっかりと束ねることで２巡目へスムーズに入ることができる。そして，「ほめ言葉のシャワー」を発展させるためには，教師が１年をかけてどんな姿に成長させるかという明確なゴールイメージをもった上で活動の目的を絶えず子どもたちと確認していくことが必要である。　（堀井　悠平）

1学期の学級経営（6月）

対話・話し合いのある授業を始めよう

Point

●話し合いの基本型の体験を積み重ねよう
●ゴールイメージ（複数対話型授業）をもち大きく価値づけよう

1 話し合いの基本型の体験を積み重ねる

これまでの授業で，「話し合う」という体験をあまりしてきていない子どもたちには，まず話し合いの基本型をくり返し体験させることが大切である。教科の種類にかかわらず，次のような流れで授業を組み立てる。

①教師からの質問に対し立場を決める
②立場の理由を書く
③書いたことを発表する
④違う立場に反論する
⑤学びの振り返りを書く

その時に大切になるのは，「先生は次に何と言うと思いますか」「なぜ理由をたくさん書くのですか」「違う立場に反論をするとどんなよいことがありますか」と子どもたちに問いかけ考えさせながら，やり方と価値の説明を丁寧に行うことである。そうすることで，子どもたち全員が目的を共有し，見通しをもって活動に取り組むことができるようになるのである。

2 「ペア対話」で価値づけを

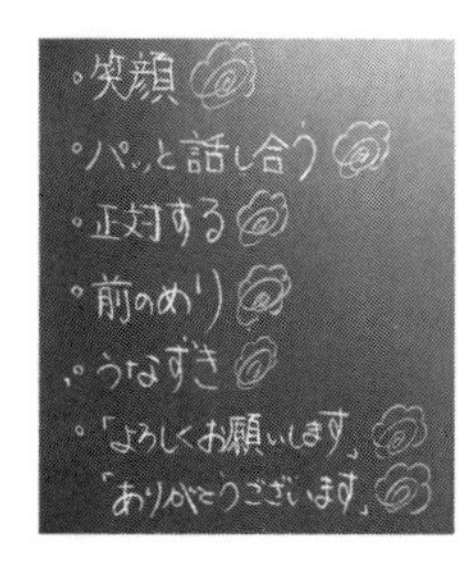

話し合いの基本的な授業の流れを体験させるとともに，1時間，45分の授業の中で，小刻みに「ペア対話」を取り入れる。その際の子どもたちの行為を細部まで観察し，ほんのちょっとした行動や態度に込められたよさを大きく価値づけて伝えていく。黒板の左端５分の１を使用し，「授業中の積極的な生徒指導」を行う。そうして，対話・話し合いをする上で大切なことへの意識を高めていくのである。

3 １学期中に押さえておきたい基本の対話「観」

対話・話し合いが「白熱する」教室をつくっていくためには，次に示す基本の対話「観」を１学期からくり返し指導していくことが大切である。

・「出席者」から「参加者」になる
　ただその場にいる「出席者」ではなく，自分の意見を伝え，相手の意見に反応する「参加者」になることで全員参加の話し合いが成立する。
・「人と論を区別する」
　「誰が言ったのか」ではなく，「意見そのもの」を比べ合い，よりよい意見を創っていく。
・「引用力（質問・反論）」
　相手の意見を引用してから質問・反論をすることで，どの意見に質問・反論をしているのかが明確になり，話し合いがかみ合う。

教師が３月のゴールイメージ（複数対話型授業）をもち，ステップを踏んで指導していくことが大切になるのである。　（大橋　俊太）

1学期の学級経営（7月）

価値語グランプリを行おう

Point

- 一人ひとりの「成長を祝う会」をしよう
- 「価値語グランプリ」をしよう

1 一人ひとりの「成長を祝う会」をしよう

新学期が始まって3か月が経ち，軌道に乗った学級もあれば，うまくいかないなと思う学級もあるだろう。特に後者ならば，学級がうまくいかないことに焦る気持ちが出てくるに違いない。すると，どうしてもマイナス面に目が向きがちになる。しかし，そんな時こそ大切なのは「子どもたちのプラスの部分に目を向けることだ」と菊池氏は言う。そこで，「1学期の成長を祝う会」といった，成長をみんなで認め合う機会を設けていく。1学期にがんばったことを作文にまとめたり，みんなで話し合ったりすることで，子どもたちに成長を実感させるのである。

2 「価値語グランプリ」をしよう

4月から，価値語指導を継続して行っていく。1学期は，教師から子どもたちに価値ある言葉をシャワーのように浴びせていくことが大切である。菊池氏は，これを「価値語を植林する」と言う。1学期の終わり頃になってくると，子どもたちは価値語を使って表現するようになってくる。そこで，3

年生を担任した時，一人ひとりが好きな価値語を１つ選んで発表する「価値語グランプリ」を行った。まず，子どもたちは色画用紙を切ってつくった短冊に，自分の好きな価値語と名前を油性マジックで書く。そして，一人ずつ前に出て，自分の好きな価値語と選んだ理由を１分程度で述べていく。教師は，一人ひとりに１学期の成長についてコメントをし，短冊を黒板に貼っていく。また，キーワードを書き込んだり関係のある言葉を線でつないだりしていく。最後に，記念写真を撮って１学期の成長を祝い合う。

Ｅさんは，物静かな女の子で，４月当初は休み時間は一人で本を読んでいることが多く，授業中もほとんど発表することがなかった。３か月が経ち，少しずつではあるが友達と話をしたり授業中に自分の考えを発表したりすることができるようになっていた。そんなＥさんが選んだ価値語は「桜梅桃李」。それぞれが独自の花を咲かせるという意味の言葉である。この言葉は，高校野球をしていたお兄さんのチームスローガンだそうだ。Ｅさんは，この言葉を選んだ理由を次のように語った。「この学級は，とてもあたたかいです。そして，一人ひとりがよいところを発揮しています。だから，『桜梅桃李』という言葉を選びました。私も，ほめ言葉のシャワーなどをして，少し成長できました。２学期もがんばります」

１学期のしめくくりでは，自分の成長をみんなに認めてもらう儀式的なイベントを行うことで，子どもたちは自信をもち，「２学期はもっと成長していくぞ」という前向きな気持ちをもつことができる。（堀井　悠平）

1学期の学級経営（7月）

白い黒板で2学期に成長をつなげよう

Point

- ●黒板を開放し全員参加でつくりあげよう
- ●1学期の成長を束ねて2学期のさらなる成長へとつなごう

1 「白い黒板」とは

これまでの学習を振り返り，まとめをする時に取り組む。黒板の中央にテーマを書き，それについて子どもたち全員が，自分の考えを黒板に書いていく。全員の意見が書かれ，白いチョークの文字で黒板が真っ白になる。

2 「白い黒板」の手順と効果

【手順】

①テーマに対しての考えを「成長ノート」に書き，ペアやグループで話し合いを行う。

②その考えを列ごとや班ごとに黒板に書く。

③「白い黒板」を見て，思ったこと，考えたこと，これからどうしたいか，なぜこのように書けたのかなどの視点を与え，「成長ノート」に書く。

④「成長ノート」を集め，教師がコメントを書く。

【効果】

①1つのテーマについて，全員で考えることの楽しさや価値に気づく。

②一人ひとりの考えを大切にしようとする意識が広がる。
③話し合いは，１＋１＝２の効果だけではなく３にも４にもなる，ということを実感する。
④他人の意見を素直に受け入れて，伸びようとする子どもが育つ。
⑤自分の考えをきちんともった子どもが育つ。
⑥「成長ノート」の活用によって，教師と子どもをつなぐことができる。

全員でつくりあげた「白い黒板」は，学級の宝物になる。「白い黒板」をつくりあげた後，【手順】の③で，新たな視点を与えてもう一段深く考えさせることで，自分や学級の成長についてのメタ思考を促す。

3 毎日の「価値語」指導が「白い黒板」につながる

「価値語」とは，「子どもたちの考え方や行動をプラスに導く言葉」である。年間を通して「価値語」の指導を行っていく。上の写真の黒板にも，年度当初から学んできた，そして，子どもたちがつくってきた，たくさんの「価値語」が書かれている。これまでの体験や経験は違うので，子ども一人ひとりに「個のストーリー」がある。どの「価値語」が，どのタイミングでその子の心にヒットするかはわからない。「白い黒板」に書かれた言葉には，一人ひとりの「その子らしさ」が表れている。「白い黒板」による新たな言葉との出会いが，「新しい自分」の発見につながっていくのである。

（大橋　俊太）

1学期の学級経営（4月）

成長ノートを始めよう

Point

- 「成長」をキーワードに，書き続ける子どもを育てよう
- 子どもたちに「成長」を感じさせる取り組みをしよう

1 「成長ノート」に取り組むことの意義

「成長ノート」は，菊池氏が，著書『人間を育てる　菊池道場流　作文の指導』（中村堂）の中で，

> 担任である教師が，子どもを公（社会）に通用する人間に育てようと，自分の信じる価値観をぶつけ続け，それに子どもが真剣に応えようとするノートです。

と定義している。この「成長ノート」を通して，子どもたちの「書く力が向上すること」「テーマについて深く考え，自分の意見を創り出すこと」「俯瞰して捉える視点を拡大すること」などを伸長させたい。「成長」をテーマに考えを書くことで，子どもたちの中に自然と自己内対話が生まれ，内省し始めるようになる。例えば，「今の自分はどうなのか」「これでよいか，よくないか」などである。客観的

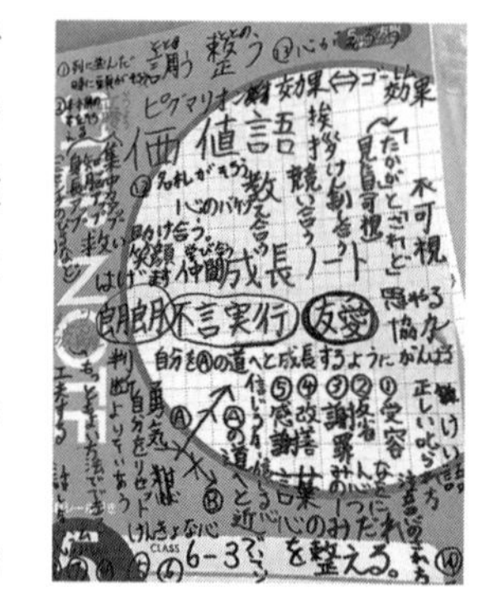

に自分自身を見つめることで，過去との比較から自身の成長を捉え，今後の目標設定をする成長志向が生まれる。

2 信じる・認める・導く「成長ノート」のポイント

子どもたちは，毎回教師から与えられるテーマについて，自分の考えを書く。まず，テーマは，成長と成長につながる問いにする。例えば，５年生４月のテーマとしては，「始業式を迎えた自分の心は何色か」「３月にどんな自分に成長したいか」「４月が終わった時にどんな自分になっていたいか」「新学期の１週間で自分が成長したこと」などがふさわしい。

次に，教師が赤ペンを入れる際には，できるかぎりほめて励ますことを心がけるようにしたい。参考にすべきは，本間正人氏の著書『子どもの可能性を引き出すコーチングの教科書』（自由国民社）の中で奨励する，５つの効果的な励まし方である。

①「自分はできる！」という気持ちを子どもから引き出す。
②「ピンチはチャンス」というふうに，見方を変えることをサポートする。
③「今やっていることは間違いない」「これでいいんだ」という気持ちを引き出す。
④一緒に取り組んでいる，心が通じている，つながっているという思いを高める。
⑤子どものやる気，エネルギーを高める。

そして，子どもの考えに対して教師が丁寧にコメントを書くことが大切である。また，子どもを信じ，よいところを積極的に見つけて伝える。教師が率先垂範して態度目標を示し子どもたちを成長へ誘う。「成長ノート」を通して個に寄り添い，覚悟をもって成長し続ける個を育てたい。（南山　拓也）

低学年
中学年
高学年

1学期の学級経営（4月）

ほめ言葉を駆使して あたたかい雰囲気をつくろう

Point

- ほめ言葉でプラスの空気を生み出そう
- ほめる時は，心から本気でほめよう

1　未来につないで今をほめる

4月，子どもたちは期待と不安の入り混じった気持ちで始業式を迎えているはずである。やる気に満ちあふれた子，不安を抱えている子と様々だろう。教師は「今日から最高学年。卒業式までがんばっていきましょう！」と4月をスタートさせるはずだ。「初日が肝心」と意気込み，「今日から急に」子どもたちに「最高学年」を背負わせることも少なくない。

ここで大切にしたいことは，教師と子どもたちとの心の距離が離れないようにしていくことだ。「6年生なのに」「最高学年だから」ということで指導するよりも，子どもたちの「がんばりたい」という気持ちを細かく見取り，小さなことでも大きく価値づけしていくことが必要になってくる。

意識したいことは，「未来につないで今をほめる」ということだ。「背筋がピシッとしたよい座り方だ。卒業式でも通用する……」と即時ほめる。卒業式などの未来を示し，ちょっとした行為でも価値づけてほめる。同時に，教師は今を大切にしながらも，3月のゴールを見据えているのだということを子どもたちに意識させる。

また，将来子どもたちを待つ「社会」につなぐように価値づけることも必要である。「ゴミを拾ってくれてありがとう」だけではなく，「そういう行為って，大人になっても必要だよね」と未来を示す。さらに，「みんなのために役立つ人になってほしいなあ」とほめ，行為に意味をもたせるのだ。

2 個と全体をつなぐほめ言葉にする

ほめる時，全体とつなげてほめていくことで，学級にあたたかいつながりが生まれていく。「Ｆさんは，サッとゴミ拾いをしていたね。すばらしい。学級のためにありがとう」と，まず個人をほめる。次に，「ＧさんはこういうＦさんの行動をすばらしいと思いませんか」と聞く。Ｆさんをみんなでほめようという空気をつくるのだ。そして，「Ｆさんと，Ｆさんの行動を認められるＧさんに拍手をおくりましょう」と個人と全体に声をかけていく。最後に，認め合える学級全体にも拍手をおくるのだ。

ほめる時は，常に「個と全体をつなぐ」という視点をもって子どもたちをほめる。教師のほめ言葉によって，子ども同士（横）のあたたかな人間関係を築くことができるからだ。教師は，望ましい行為に対してのほめ言葉をおくると同時に，他者とのかかわり方についても価値づけ，子どもたちの人間関係を築いていく必要がある。

3 子どもたちの可能性を信じる

子どもたちの可能性を信じることが，あたたかい雰囲気づくりの第一歩だと考える。「ピグマリオン効果」という言葉があるように，子どもを信じる言葉をかけ，安心感を生み，あたたかな人間関係を築いていきたいものだ。

そもそも，教師に子どもたちの成長を信じる気持ちがなければ，ほめ言葉も借り物になる。そこに成長が生まれることはないのだ。

（古舘　良純）

1学期の学級経営（5月）
コミュニケーション力を高めるゲームをしよう

Point

- 対話のキャッチボールの楽しさを味わわせよう
- ゲームを通して，人間関係づくりを仕掛けよう

1 よい関係性を築くために「コミュニケーション力」を育てる

菊池氏は，著書『コミュニケーション力で未来を拓く』（中村堂）の中で，次のように述べている。

> 教室の子どもたちは，同じではありません。でこぼこでこぼこしています。その学級の子どもたち全員の一人ひとりの良さが生きるように，学級の土台をしっかりと作っていく必要があります。

菊池氏は，3月のゴールイメージをもち，年間を見通した計画的・継続的なコミュニケーション指導を行い，子どもたち一人ひとりを鍛え，育て，学級づくりをしてきたのである。菊池学級の子どもたちは，同年代の子どもたちと比較しても，圧倒的にコミュニケーションの量が多い。彼らは，圧倒的な量のコミュニケーションを経験する中で，互いに認め合い，ほめ合う経験をし，つながり合い，安心感のある関係性を築くことができたのである。

この事実から，個と個，個と集団のつながりをつくり，安心感のある集団となる，よい人間関係を築くためには「コミュニケーション力」の育成が不可欠であると言える。

2 コミュニケーションの楽しさを味わおう

年間約1000時間の授業を通して，子どもたちの「コミュニケーション力」の育成を目指す。特に意識することは，子どもたちがコミュニケーションを通して「対話の楽しさを感じること」と「友達のよさを見つけ，人間関係を構築できること」である。それを体験するのに有効なのが，「コミュニケーションゲーム」である。ゲームを取り入れることで，ゲームだからこそ失敗感を味わうことがなく，子どもたちが生き生きと活動することができる。それどころか，失敗を楽しむ経験をする姿が見られることもある。

【「友達紹介質問ゲーム」～質問して友達のことをたくさん知ろう～】
進め方 ※チーム対抗戦で行う。
①四人チームをつくる。質問に答える人は一人，質問する人は三人とする。
②２分間，質問を続ける。１つの質問に答えたら，チームに１点入る。ただし，一人が連続して質問できるのは，２回までとする。２分間でいくつ質問できたか，点数で競い合う。
③１分間の作戦タイムを設ける。四人で質問内容や点数を増やすにはどうするかなどの作戦を練るようにする。
④質問する人，答える人を交代する。※②③をくり返し行う。
⑤点数の多いチームが勝ちとなる。

「ローマは１日にして成らず」という言葉があるように，子どもたちの「コミュニケーション力」は，すぐに成果が現れるものではない。しかし，私たちは，必ず子どもたちが成長すると信じ，継続して取り組むことが大切である。

（南山　拓也）

1学期の学級経営（6月）

ほめ言葉のシャワーを始めよう

Point

●教師が率先垂範でほめる姿勢を見せよう
●子どもたちに「やってよかった」という経験をさせよう

1 ほめ合うことの価値

齋藤孝氏は，ほめ合うことの価値について，著書『ほめる力』（筑摩書房）の中で，次のように述べている。

> ほめることによって得られるのは，「自己肯定感」である。自己肯定感があれば，大変な人生でも楽しさを見つけながら生きていける。
> だから，「ほめる」ことを通して，「自己肯定感が互いにもてる人間関係」を築くことが，人生を追求する上で大切になる。

目の前の子どもたち一人ひとりに幸せになってほしいというのは，全ての教師の願いであろう。子どもたちが幸福感を感じるには，自己肯定感を高めることと，よりよい人間関係を築くことが大切であると考える。そこで，菊池実践の核でもある「ほめ言葉のシャワー」を取り入れ，子どもたちが互いにほめ合い，自己肯定感を高め合う人間関係を構築したい。

低学年 中学年 高学年

2 「ほめ言葉のシャワー」とは何か

「ほめ言葉のシャワー」とは，「子ども同士がお互いのよいところを見つけ合い伝え合う活動」である。手順は，以下の通りである。
①その日の主人公が前に出る。
②残りの子どもと教師がその子のよいところをほめる。
③全員の発表が終わったら，前に出ていた子どもが感謝のスピーチを行う。
④最後に教師がコメントを述べる。

1年間で4巡程度行うとすると，30人学級であれば，30個のほめ言葉×30人×4＝3600個のほめ言葉が教室にあふれる計算となる。その結果，教室の雰囲気があたたかくなり，ほめ合い，認め合う関係を構築できるのである。
「ほめ言葉のシャワー」を始めるにあたって大切にしたいことは，教師が「範を示す」ことである。教師が子どもたちのよい姿やがんばりを凝視し，徹底的にほめていく。ほめることで，プラスの行動が子どもたちに広がる。ほめてもらった子は，さらによい姿を見せるようになる。その姿を学級全体でさらに認め合う。こうして，全体でプラスの言葉や行動が増え，土台となる学級全体があたたかい雰囲気をつくり出すことができるのである。

3 1回目の「ほめ言葉のシャワー」を成功させよう

1回目は，子どもたちに「やってよかった」と思わせ，成功させることを大切にする。教師は，「ほめ言葉のシャワー」の中で，例えば，仲間のよいところを詳細に観察した子，新たな表現や工夫をした子を積極的にほめ，価値づけを行うことが大切である。また，教師が他の言葉で言い換えたり，子どもから出た言葉を共有したりして，ほめ言葉の語彙数を増やすことも望ましい。こうして，「ほめ言葉のシャワー」の1回目を成功に導くことが何よりも大切である。

（南山　拓也）

1学期の学級経営（6月）
対話・話し合いができるクラスにしていこう

Point

- ●子どもたちを話し合わせ，つないでいこう
- ●自分らしさが発揮できる対話・話し合いを目指そう

1　話し合いで子どもたちをつなぐ

1学期の対話・話し合いでは，「人間関係を豊かにしていく」という点に重点を置いて取り組んでいく。学級の人間関係が成立していなければ，2学期以降の対話・話し合いのレベルアップが加速しにくいからだ。教師は，対話・話し合いをさせると同時に，人間関係を強くしていくための態度目標を示したり，話し合いを促す言葉かけをしたりする必要がある。

そのためには，まず教師が子どもたちの意見を拾い，整理していく。「○○さんの言いたいことはこういうことだね」と補足し，要約する。「□□さんの考え方は教科書から引用されているね」と，根拠をもっていることなども価値づけする。さらに，「△△さんの聞こうとする心がすばらしい」など，話し合いに臨む態度についても価値づけていく。

対話のさせ方についても，その時々のねらいに合わせ，「意見拡大の場」や「反論する場」などを適時設定する。子どもたちを「意図的につなぐ場」をつくるのだ。この対話と教師の価値づけのくり返しが，考えが違う子と話し合うことに対する安心感を生む。そして，子どもたちがつながってはじめて，対話・話し合いが成立する学級集団になるのだ。

2 その子らしさ（理由）を大切にする

1 テーマを理解させる
2 立場を決定させる
3 理由を箇条書きで書かせる（個人）
4 同じ立場の者同士で対話させる
5 違う立場の者同士で対話させる
6 再度テーマについて考える（個人）

菊池氏は，「理由に自分らしさが出る」と言う。

そのため，まずは立場を明確にさせることや，理由を書かせてから発表させるようなことが必要になってくる。

対話・話し合いをさせる場合は，上のような手順を踏んで対話させていく。2の立場を決定させることは，話し合いの場にきちんと参加できるようにするためである。また，3の理由を書かせることは，自分らしさを出すことにつながる。6の振り返りをすることで，テーマについての理解を深めつつ，個人や学級の成長を自覚させたい。

自分らしさを発揮し合うことは，お互いを認め合う空気をつくるということにつながる。私たち教師は，そうした理由（自分らしさ）の中から個々の変容を大きく取り上げ，価値づけしていくのだ。子どもたちが自分の考えを言うことができ，友達がその意見を聞けるということは，お互いの自分らしさを大切にし合うということだ。教師の目が「誰が発表したか」「何回発表したか」「あの子は司会がうまい」というようなことばかりに向いていると，個々の「らしさ」は教室から消えていくだろう。対話・話し合いも，「硬く・遅い」ものになるはずだ。

子どもたちをつなぐことができるのは教師だけである。そして，少しずつ教師が子どもたちの視界から消えていくようになるとよい。子どもたちの中に安心感が芽生えた時，子どもたちが生み出す対話・話し合いが成立していく。学級の一人ひとりの「その子らしさ」は，クラス全体をプラスに変えていく力がある。その力を引き出すことは，まぎれもなく教師の見る目と価値づけの力にかかっているのだ。

（古舘　良純）

1学期の学級経営（7月）
価値語づくりに取り組もう

Point
- ●価値語と価値語モデルを示し続けよう
- ●価値語をアウトプットする場をつくろう

1 価値語を示し続ける

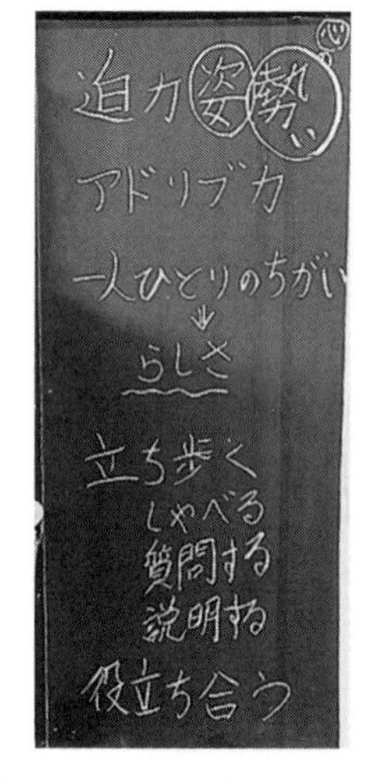

価値語とは，子どもたちの考え方や行動をプラスに導く言葉であり，菊池氏の造語である。「価値語を心に植林しよう」とも言う。例えば，「迫力姿勢」という価値語を，４月から授業の中で子どもたちに示し続けると，子どもたちは価値語を意識して行動するようになる。授業に対してやる気に満ちた表情で臨むようになっていく。つまり，「価値語」が学級の進む方向性を示す象徴となっていくということだ。

価値語は，黒板の左側５分の１に書き，その量を増やしていく。また，「日々の学校生活の事実と関係した生きた言葉を示す」ことが大切である。子どもたちの間に共通する場面がイメージされ，その価値語を象徴として，教室に望ましい規準が示されることになるのだ。写真と価値語をセットで示す「価値語モデル」もとても有効である。子どもたちの間に，「価値語」という共通言語を示し続けることで，学級の空気はより成長に向かうようになるはずだ。

2　価値語を生み出す

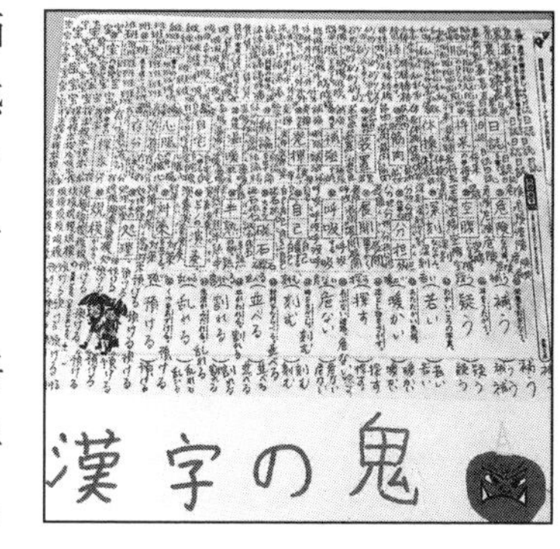

７月に生まれた価値語モデル

１学期後半になると，子どもたちの中に価値語を生み出そうというポジティブな力を感じるようになる。成長ノートの表紙や成長ノートの文中，ほめ言葉のシャワーの最中にその片鱗を見せる。

価値語を生み出す取り組みとして「価値語モデル」をつくらせてみるとよい。教師が与えていた価値語モデルのように，子どもたちにも実際につくらせてみるのだ。

子どもたちの輝いている姿や，望ましい行為，目指したい姿に合わせ，写真を見せて考えさせる。子どもたち同士で考えるからこそ，教師が与える価値語とは違う「生きた価値語」が生み出されるようになるのだ。

> 私にとって価値語とは，友達や家族のようなものです。価値語に出会えて，性格も人柄も変わりました。１学期の頃は「価値語って？」と思っていたけれど，今では「社会や公に通じるようになるんだなあ」と思います。（中略）だから価値語は人生になくてはならないし，人生をＡの道につなぐものだと思います。
>
> （当時４年生３月　成長ノート一部抜粋）

このように，子ども自身が「性格や人柄も変わる」と語れるようになる。この子は，１年間価値語の獲得を通して友達とのよりよいかかわり方を学び，友達関係を築くことができたのだ。

菊池氏は言う。「言葉を育てると心が育つ。心を育てたら人も育つ」

（古舘　良純）

2学期の学級経営（9月）

対話する機会を様々につくろう

Point

●何度もくり返して，対話の経験を積ませよう
●日常的な対話へと進化させよう

1 対話のキーワードは「合い」

夏休み明けは，対話の材料が山のようにある。

対話は，情報や気持ちを自由に交換しながら知識や経験を共有し，お互いの関係性を深めるものである。対話のキーワードは「合い」。共有するためには，「話し合い」「聴き合い」「伝え合い」「出し合い」「理解し合い」など，様々な「合い」が必要である。

2 単発で終わらずに，くり返して経験を積ませる

夏休み明けの対話の材料は，大きく分けて３つ考えられる。

１つ目は，夏休みについてである。例えば，「夏休みの思い出ベスト３」「実は夏休みに……」「夏休みといえば！」などたくさんある。

２つ目は，学習についてである。「夏休みの作品アピールタイム」や復習

で算数や漢字の「学習ゲーム」ができる。ルールを設定して勝敗をつけたり，知的な内容にしたりして工夫すると，さらに盛り上がっていた。

３つ目は，成長についてである。「２学期に成長したいことは何か？」を伝え合ったり，作文に励ましコメントを書き合ったりできる。共有することで，集団意識も生まれてくる。

対話の経験は，単発的にしても効果はない。対話の経験をくり返して積んでいくことで，力が身につくのである。

夏休み明けから毎日，対話の材料を変えながら，徹底的に対話の経験を積んでいき，日常授業でも対話の時間を増やしていこう。

3 対話が学級を集団に変える

対話の経験を積んでくると，対話の材料は日常生活の中にもあることに子どもたちが気づく。

すると，対話のテーマは増えて，さらに対話は活発に，日常的になってくる。

対話は，日常生活と密着している。

日常生活の中にある出来事や問題に対して考える力が育ち，対話は人生を変えていく。

関係性は一層深まっていく。

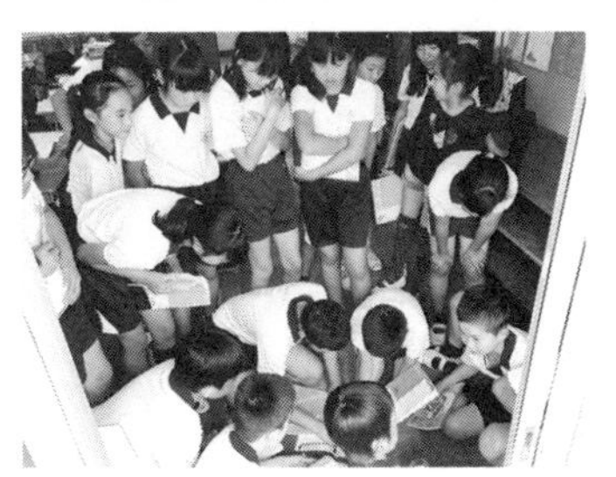

日常生活に密着した対話を通して，対話の規模が拡大し，学級は集団へと変化していくのである。

（大西　一豊）

2学期の学級経営（10月）

白い黒板にチャレンジしよう

Point

- 「非日常」を生かそう
- 「白い黒板」を定着させよう

1 「非日常」からの学びとは？

学校とは，普段の学校生活（日常）と学校行事・見学学習・地域交流（非日常）などから成り立っている。それらをうまくマッチさせることで，相互作用的に個人としても集団としてもレベルアップしていける。その中でも，「非日常」とは，日常の成長の力試しの場であり，意図的・計画的に仕組むことで，子どもに大きな力を与えてくれるものである。「非日常」について菊池氏は，『白熱する教室』第３号（中村堂）の中で次のように述べている。

> ○規模の拡大を大胆に行う
> 「非日常」が子どもを成長させると捉えております。意図的に仕組みます。（以下省略）

非日常の体験は，子どもにいつも以上の力をもたらすものである。普段と違う環境がそのようにさせる部分が大きいのだろう。しかし，非日常をさらなる成長のきっかけにできるかどうかは心のもち方にかかってくると考える。

2 「非日常」を生かす白い黒板

学習発表会前に「白い黒板」の実践を行ってみた。その時に意識したことは，ただ黒板に自分の考えを書くのではなく，仲間とのつながりやその時の子どもたちの実態に合わせてアレンジして実施していくということであった。具体的には，「大きなかぶ」の配役に合わせて「今日がんばること」というテーマで白い黒板に挑戦した。書いた内容はもちろん，つながりを意識して，みんなで振り返りも実施した。こうすることで，書いた量だけでなく，価値絵として視覚的に子どもたちに訴えることができ，本番の演技に対する意識も高まってきた。特に「仲間と力を合わせる」といった内容のコメントが多く見られ，その後の学校生活でも伸びていくきっかけとなっていった。

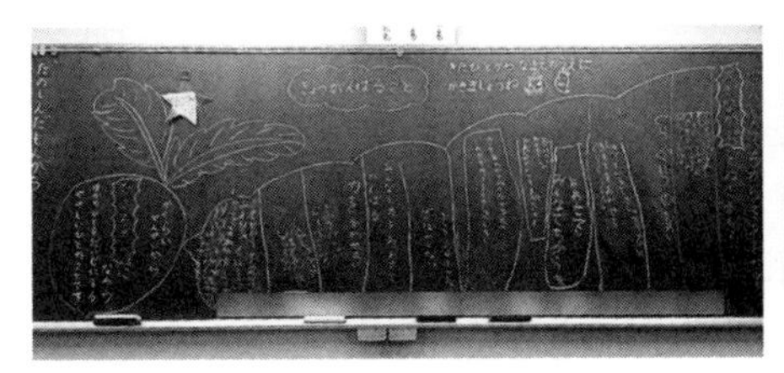

白い黒板のアレンジ（配役順）

意欲づけのための仕掛け

3 「白い黒板」を定着させる

たとえ1年生であっても，「非日常」の前後で，白い黒板などを継続的に実施することで，目標をもち，非日常の活動を成長へとつなげようという気持ちになっていく。右の写真は，持久走記録会前に取り組ませたものである。

目標をもちながら活動に取り組ませることで，個人としても集団としても，成長曲線が伸びていくことだろう。

（加倉井　英紀）

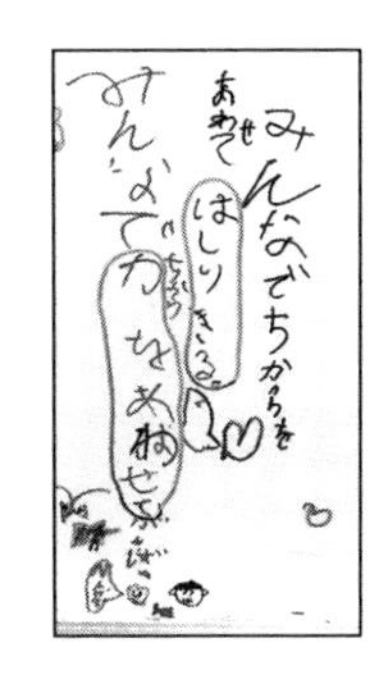

2学期の学級経営（11月）

子ども熟議を始めよう

Point

●かけ合い，受け入れ合い，創造しよう
●決定したアイデアを実行しよう

1 「子ども熟議」で主体的な集団へ

「子ども熟議」とは，子どもたちがよりよい生活を築くための話し合い活動である。子どもたちは，学級や学校生活の中の問題について，少人数で話し合って意見を重ね合わせ，問題解決するために主体的に行動していく。「子ども熟議」では，自分の意見を発言，反映しやすく，コミュニケーション能力と自治的な態度が育まれる。また，子どもたちの発想やアイデアで決定した行動内容は，ダイナミックで能動的な内容になる。

2 「子ども熟議」を始めよう

では，低学年に合わせた「子ども熟議」の流れを紹介する。他にも『文部科学省　政策創造エンジン　熟議カケアイ』（文部科学省）に事例があり，こちらもおすすめである。

①身近な生活の問題からテーマを設定する。（テーマ例：「楽しい○○にするには？」「○○がもっとよくなるためには？」など）
②話し合いの計画とルールを確認して，グループに分ける。
③一人でテーマの問題を付箋に書き出す。
④グループで模造紙に付箋を出し合い，仲間分けをする。
⑤仲間分けした問題に名前（ラベル）をつける。
⑥仲間分けした問題を解決するアイデアを付箋に書き出す。
⑦一番大切なアイデア（結論）を決める。
⑧グループで話し合ったことを発表する。
⑨役割分担をして，実行する。

特に重要なのは，②と⑨である。②では，話し合いの目的とゴールをしっかりと共有すること。⑨では，よりよい生活を目指して，自主的・実践的な行動につなげていくこと。子どもたちは，胸を張って実行に移していく。

3 「子ども熟議」とアクティブ・ラーナー

「『子ども熟議』は，『新受考』です。意味は，相手の意見を受け入れてプラスで考えると，新しい意見をみんなでつくれること。正解はないけど，みんなと意見をつくることで楽しく成長できます」。Hさんのグループは，いつも笑顔が絶えず楽しそうに話し合っていた。

「意見」から「人を受け入れる」ことに変化している。未知の正解のない問題に対して意見をつくり出す喜びを実感し，それはみんなの成長へつながっていると考えていた。まさに，「アクティブ・ラーナーの姿」そのものである。

（大西　一豊）

2学期の学級経営（12月）
成長を実感する会を開こう

Point

- ●「プラス」の視点で見よう
- ●活動で成長を実感させ合おう

1 「プラス」の視点で見るとは？

菊池氏は，著書『菊池省三の学級づくり方程式』（小学館）の中で，次のようなことを述べている。

> 今，あらためて自分の学級を振り返ったとき，この時期は良くも悪くも○年○組独自のカラー，つまり，「学級らしさ」が出ていることでしょう。担任は，一人一人の成長を評価するのと同じように，学級そのものの成長もしっかりととらえる必要があります。

この時期は，２学期の反省をさせる学級が多いことだろう。

個としても集団としても成長してきたことを振り返る上で，形式的な反省にならないようにし，マイナス面にとらわれることなく，プラス面に多くの目を向けたいものである。

また，子どもたち同士の振り返りも大事にしたいところである。

2 活動で成長を実感し合う

この時期，学級によっては，お楽しみ会などを計画し，みんなで楽しく活動し，２学期の思い出づくりをすることだろう。私の学級では，子どもたち同士のつながりを大事にしながら，お互いのよさを伝え合い「成長を実感し合う会」というかたちで行った。両方（個人と集団）の成長を自分たちで振り返りながら実施した。活動内容を一部紹介する。普段，お笑い係として活動していた男の子たちは，成長を実感し合うために自分たちで寸劇を創作した。はじめての学習発表会で自己開示することやみんなを楽しませることのうれしさを味わった彼らは，みんなに楽しんでもらいたいと強く願って演じていた。見ている子どももノリノリで楽しんでいた。また，別のグループでは，友達と協力するよさを味わい，その力を確かめるためにチーム対抗魚釣りゲームを開催した。声かけや作戦タイムなどもあり，集団として楽しく盛り上がった。１年生という発達段階もあり，どちらかというとゲーム性を優先しながら集団として成長を実感し合った。

集団としての成長を
実感し合う活動

3 さらに成長へとつなげる視点

楽しかったと言って打ち上げ花火的に終わらせるのではなく，「振り返り」をすることによって自分自身や仲間の成長を実感することができる。その振り返りは言語化，可視化することでより強いものになり，自信につながっていく。子どもの「声」を教師自身も振り返り，実践を束ねることで３学期にいいかたちでつなげていける。

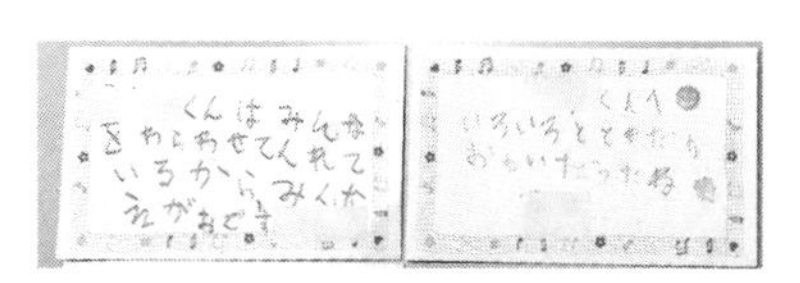

友達同士の振り返り

（加倉井　英紀）

2学期の学級経営（9月）

プラス視点で２学期のリスタートをきろう

Point

●プラス視点で子どもたちを見よう
●黒板の５分の１のスペースに広げたい望ましい行為や価値語を書こう

1 プラス視点で子どもたちを見る

いよいよ２学期のスタートである。１学期は，一人ひとりのよさをほめることを通して，教師と子どもの縦の関係をつくってきた。２学期は，子ども同士の横の関係が深まっていく時期だと菊池氏は言う。さらには，２学期のポイントを２つあげている。１つは，「一人ひとりが自分らしさを発揮し，認め合う取り組みをすることで，子どもたちの関係を深めていく」こと。もう１つは，「マイナス方向に目を向けるのではなく，どうすれば子どもたちがぐんと成長するのか，プラス視点で考えていくこと」である。

Ｉ君は，こだわりが強く，そのことが原因でトラブルになることが多かった。２学期初日の朝の会のことである。一人ひとりがあいさつをリレーのようにつなぐ「あいさつリレー」をしていた。夏休み明けだからなのか１回目は，声が出ていなかった。そこで，子どもたちともう一度行うことにした。２回目，先ほどよりしっかりと声が出た。しかし，Ｉ君は納得のいかない表情で首をかしげ，ゆっくりと腰を下ろしたのである。

「Ｉ君は，席につく前に首をかしげました。先生は，すごいなと感動しました。どうしてそう思ったのでしょう？　隣の友達と相談しましょう」

すると，一人の男の子が答えた。「Ｉ君は，ぼくたちの学級はもっと声が出ていたはずだと悔しかったのだと思います。もっと成長したいという気持ちを先生はすごいと言ったのだと思います」

Ｉ君は，首をかしげたことをこんなにも大きく取り上げられてうれしそうである。この日から，Ｉ君は友達にプラスの言葉をかけるなど，少しずつ集団を意識するようになった。納得できずにイライラしている一見マイナスの行為でも，教師の価値づけひとつでプラスに変換することができる。とにかくプラス面に目を向けていく教師の覚悟が子どもたちを伸ばしていく。

２　黒板の５分の１のスペースに望ましい行為や価値語を書こう

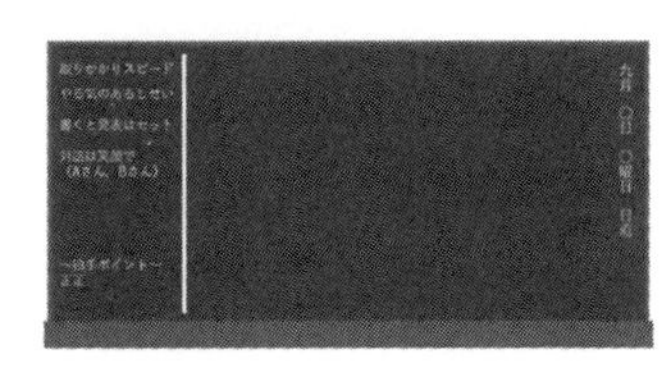

２学期は，もう一度学級を整えていくことが大切である。そこで，美点凝視で，意識して子どもたちのよさを見つけ全体に伝えていく。そして，黒板の左端５分の１を，ほめた行為や価値語を書くスペースとして使っていく。９月は，学習規律など，学級でのルールが書かれることが多い。例えば，「感想を書きましょう」という指示に，サッと反応していた子を見つけたら，「今ね，Ｊさんは先生の言葉とともに，素早く書きだしました。とりかかるスピードが速いね」とその行為をほめ，黒板の左端に「とりかかりスピード」と書く。ほめた子の名前をあわせて書くのもよい。ほめられた子はもちろん，学級全体に望ましい行為を広げていくことができるのだ。同じように，授業中に拍手した回数を黒板の５分の１のスペースに書いていく。正の字がたまるごとに，ビー玉を１つビンに入れる「ビー玉貯金」をして，子どもたちとあたたかい雰囲気づくりをしていった。続けていくと，子どもたちから自然と拍手が起こるようになった。２学期のリスタートをきるためには，プラス視点で子どもたちを見ること，価値づけてほめることで，学級を整えていくことが大切である。

（堀井　悠平）

２学期の学級経営（10月）
子ども熟議を取り入れよう

Point

- 全員参加のあたたかい話し合いを教室に広げていこう
- お互いを大切にして積極的につながり合う集団を育てよう

1 「子ども熟議」の実際

【議題名】

「『二分の一成人式』をよりよいものにするためにどうするべきか」

【進行】

①事前の活動（議題・「みんなの熟議ルール」「話し合いルール」の説明）

②小グループでの熟議（アイデア出し，解決案の具体化，発表準備）

③全体での発表（各グループより）

④事後の活動（個人と小グループでの振り返り，各自の行動目標の設定）

【参加者】

小グループの編成：５名×６チーム

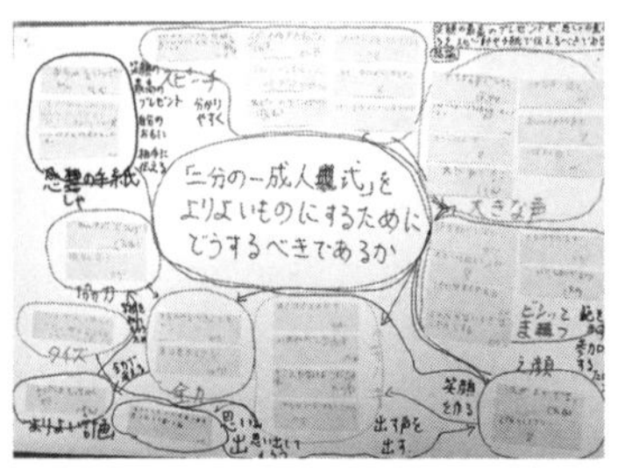

2 「子ども熟議」で教えたい「価値語」

全員参加の話し合いをより充実させるために教えたい「価値語」がある。コミュニケーションの基本とも言える「価値語」を３つ紹介する。

◆相手軸に立つ
　相手の立場に立って話したり聴いたりすること
◆フォロー発言
　相手の発言を詳しく説明したり，不足内容を補ったりする発言
◆つなぐ
　発言と発言を関連させること

発言や振り返りの中にこのような「価値語」が自然に出てくるようにしたい。そのような発言・行動を教師が大きく価値づけ，意味づけしていくことでお互いを大切にし合うあたたかい話し合いが教室の中に広がっていく。

3 「子ども熟議」で変わる子どもたち

熟議はやっぱりおもしろいものだと思いました。理由は，他の人たちの意見もいろいろ出て，「あっ！　この意見は自分では出せない」というものも，いっぱい出てくるからです。熟議があった方が，話し合いがとても楽しいものだとわかります。（４年女子）

「子ども熟議」の体験を通して個と集団の成長が加速していく。子ども同士の関係性がより豊かになり，その子の新しい「らしさ」が仲間に認められ積極的につながり合える絆の強い集団へと成長していく。（大橋　俊太）

2学期の学級経営（11月）

非日常を成長の場へとプロデュースする成長年表をつくろう

Point

●非日常を成長の場へとプロデュースしよう
●成長年表で１年間の学級の成長のあしあとを残そう

1　非日常は成長の場

２学期は，運動会や音楽会，学習発表会など，たくさんの学校行事が行われる。菊池氏は，普段行っている授業や朝の会，帰りの会，給食，掃除といったもの以外は，全て「非日常」であると言う。そして，非日常の取り組みが，成長にとって大きなポイントとなると言う。それは，「非日常」を普段指導していることの力試しの場として活用することができるからである。

2　成長のあしあとを残す「成長年表」

行事などの非日常を「成長の場」へとプロデュースしていくことは教師の大切な役目である。そこで，欠かすことができないのが「成長年表」である。よく，生活ごよみや１年間のあしあととして短冊が掲示されている。しかし，それらは行事の後に掲示するものが多い。一方，成長年表は，原則行事の前に短冊を貼り出すことが大きな特徴である。先に貼り出すことで，行事に対する見通しをもって行動することができるようになる。また，その行事をがんばるための学級の合言葉を書くことによって，何度も学級全体で目標を確認しながら活動することができる。

それでは，「成長年表」をさらに具体的に説明していく。成長年表は，色画用紙でつくった短冊に非日常となる学校行事や，学級独自の取り組み（ディベート大会など）を書いて，模造紙に貼り出していくものである。短冊に書く内容は，「日付」「行事名」「その行事で目指すことの核となる言葉」の３つである。学級で計画した集会活動や，学級の成長につながるような出来事を書いて貼ることもある。この短冊は１年間で模造紙いっぱいになり，１年間の成長を振り返る「あしあと」になっていくのである。

ある年の運動会，「克己心をもて」を学級の合言葉にして取り組んだ。K君は，この運動会を通して大きく成長した子である。ブラスバンドの演奏中にダンスを踊ることになったK君は，毎日練習に励んでいた。しかし，なかなかみんなのようにうまくいかない。そんなK君は，放課後練習が終わった後，一人体育館に残って自主練習をしていた。ある日，そのことを学級で紹介した。すると，ある男の子が「努力のダイヤモンドや」とつぶやいた。一人で流す汗がダイヤモンドのように美しいという意味だそうである。K君も，その言葉に喜んでいた。運動会本番，K君は練習の成果を発揮し，見事に踊りきった。その日の成長ノートの感想には，「この運動会の学級の目標は，『克己心をもて』でした。だからぼくは，みんなに負けないように努力しました。（中略）これからも運動会で学んだ努力の大切さを生かしてがんばりたいです」と書かれていた。K君は，「克己心をもて」という学級で決めた合言葉を胸に練習に励んでいたのだ。成長年表は，非日常を成長の場へとプロデュースするひとつのきっかけになるのだと実感した。ぜひ成長年表で，非日常を「成長の場」へとプロデュースしてみてはどうだろうか。

（堀井　悠平）

2学期の学級経営（11月）

価値語名言集をつくろう

Point

- ●「自分たちの言葉で自分たちで成長し合う」意識を高めよう
- ●成長し続ける「心の拠り所」となる「価値語」を語ろう

1 「私の価値語」名言集とは

「自分にとってのとっておきの言葉」を，少し大きめの色画用紙に習字の小筆で書く活動である。一人１枚つくり，教室内に掲示する。子ども一人ひとりの心に，特に「ヒット」した「価値語」が紡がれていく。

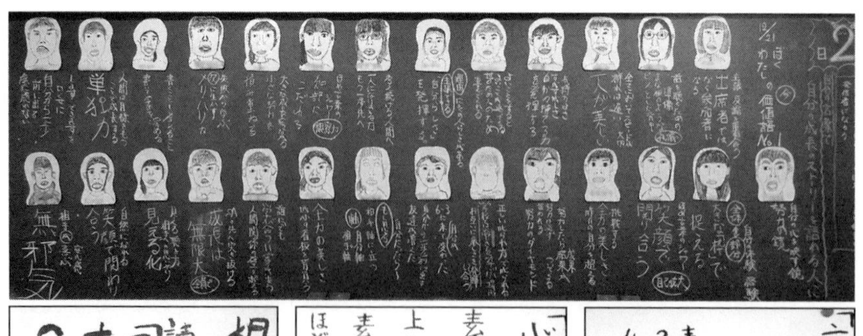

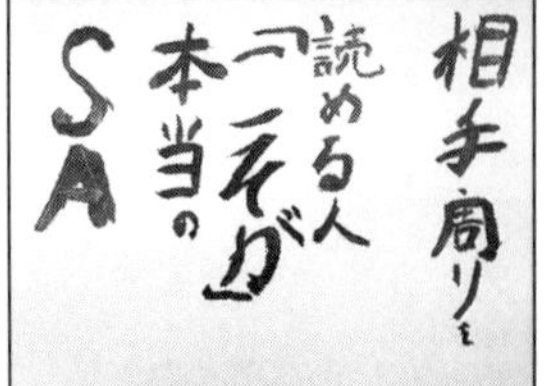

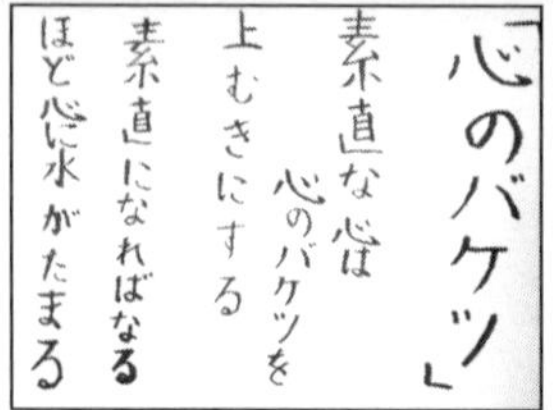

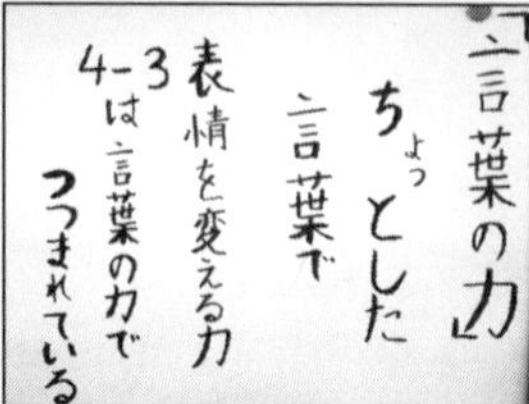

※「SA」＝成長段階　B→A→super A

低学年 中学年 高学年

2 「自分にとっての」だから対話する意味と楽しさがある

「自分にとってのとっておきの言葉」を自画像の下にずばりと書いた時，その子にとって「とっておきの言葉」となった理由やその言葉が示す具体的な行動や場面が浮かび上がる。しかし，同じ「とっておきの言葉」を見た別の子が思い描く具体的な行動や場面は違ってくる。そういった「らしさ」のあるお互いの解釈の違いを対話を通して楽しみながら，プラスの影響を与え合う，「プラスのスパイラル」が教室の中に生まれるのである。こうして，「自分たちの言葉で自分たちで成長し合う」意識を高めていくのである。

3 「価値語」が成長し続ける「心の拠り所」になる

> 私を一番成長させてくれた価値語は，「心を磨く」です。４年生になってから，心は自分のためにあるのだと思いました。自分の成長に気づかなければ心は磨けないと思って，自分へのプレッシャーを強くしていきました。今では３年生の頃がうそみたいに思えます。これが，４月から心を磨いている証拠だと思いました。（４年女子）

３年生の頃の「過去の自分」を認めながらも，「現在の自分」の成長を自覚することができている。「心を磨く」という「価値語」をもとに，自分の「成長の物語」を語ることができているのである。

こうした活動を続けていくことで，子どもたち一人ひとりの「らしさ」の形成に「価値語」がともなっていく。それは，学年・学級が変わっても，成長し続ける「心の拠り所」となる。そして，子どもが育つために必要不可欠な「成長の土台」を創り上げることができるのである。

（大橋　俊太）

2学期の学級経営（12月）
ほめ言葉のシャワーを進化させよう

Point

- 内容面と態度面，２つの進化を意識しよう
- 子どもたちの「よさ」を広げて，学級独自のルールをつくろう

1 「ほめ言葉のシャワー」の指導のポイント

12月に入り，ほめ言葉のシャワーも３～４巡目を迎える。非日常を通して成長し，子ども同士の横のつながりも豊かなものになり，学級力も高まっていく。ほめ言葉のシャワーでも，その成長が表れてくる時期だ。菊池氏は，２学期以降のほめ言葉のシャワーを進化させるポイントとして，次の４つの指導をあげている。

①価値語を増やす語彙指導	②観察力を磨く指導
③コミュニケーションの指導	④礼儀作法に関する指導

①と②は内容面の指導，③と④は態度面の指導だと言える。具体的には，価値語や四字熟語などの語彙を豊かにしていくことや，観察力を磨き事実を具体的に描写できるようにすることなどが内容面の指導。正対して発表を聞く，お礼の会釈をするなどが態度面の指導である。２学期後半，人間関係が豊かになってくると，内容面の進化はもちろんであるが，態度面で学級独自の新しいルールができるなど，ほめ言葉のシャワーの進化が加速していく。

2 学級独自の新しいルールが生まれる

Ｌさんは，自分からはあまり友達とかかわれず，授業中も自信のない小さな声で発表する物静かな女の子だった。しかし，４巡目のほめ言葉のシャワーで主人公になったＬさんに変化が見られた。いつも人と会話をする時は恥ずかしがって目線が落ちていたＬさんが，友達一人ひとりの目をじっと見つめてほめ言葉を聞いていたのである。さらには，ほめ言葉を発表する友達に自ら近づき，お礼のあいさつと握手を丁寧にしていったのだ。実はこの数日前，Ｌさんは左手の指を骨折していた。しかし，その骨折した左手も添えて両手でしっかりと握手していたのである。Ｌさんのお礼のスピーチの後，みんなでＬさんのとった行動のよさについて考えた。子どもたちからは，Ｌさんは一人ひとりのほめ言葉を大切にしているという意見が出てきた。こうして，Ｌさんのとった行動が，ほめ言葉のシャワーの新しいルールとなっていった。Ｌさんはその後，少しずつ友達とかかわったり，大きな声で発表できたりと成長を加速させていった。

その他にも，次のような新しいルールが誕生していった。

【ほめ言葉のシャワーの変化（４巡目）】

①主人公が発表する子の近くでほめ言葉を聞くようになった。
②ほめ言葉を言ってもらった後，「お礼＋握手」をするようになった。
③言葉が少しずつ豊かになり，ほめ言葉に自分らしさが出てきた。
④友達のほめ言葉をメモする子が出てきた。

日々のほめ言葉のシャワーの中に，きっと子どもたちに変化が見られる場面があるはずである。教師がそこを見逃さずに取りあげ「よさ」をほめることで，ほめ言葉のシャワーは進化していく。また，学級の横のつながりが豊かになるとこうした学級独自のルールが誕生するのである。（堀井　悠平）

2学期の学級経営（9月）

ほめ言葉のシャワーを発展させよう

Point

- ほめ言葉の中に直接的なかかわりを入れよう
- 「事実＋意見」に「予想」を加えてみよう

1 「第三者視点」より「直接的なかかわり」でほめる

２学期は，１学期につないできた子どもたちの人間関係を，より強いものにするという意識で実践に取り組んでいく。２学期は，ほめ言葉のシャワーも２～３巡目に入っていることが多い。このほめ言葉のシャワーを通して，一気に成長を加速させたい。

ここで大切にしたいのは，「事実」に豊かな関係性を加えるということだ。ほめ言葉には，主人公の行っていた行為を「第三者視点で見てほめる」場合と，学習中に対話したなどの「直接的なかかわりをほめる」場合がある。後者のほめ言葉は，前者のほめ言葉よりも，主人公と豊かなかかわりがあったことを感じることができる。友達のことを知り，大切にし，好きになっていく。そのためにも，主人公との直接的なかかわりを大切にしたあたたかいほめ言葉のシャワーにしていくようにする。

もちろん，一人ひとりのキャラクターがある。最初から，全員が直接的なかかわりのあるほめ言葉にする必要はない。これは，担任が，子どもたち同士の人間関係をより豊かにしていきたいと思う気持ち，ほめ言葉のシャワーのもつ力を真剣に考える気持ちが生む方法のひとつとして考えてほしい。

2 「予想」を加えてかかわりを強める

低学年
中学年
高学年

直接的なかかわりでほめ言葉を言えなかった場合でも，文章構成に工夫を加えると，あたたかなほめ言葉に変わっていく。その工夫とは，「予想」を加えることだ。「予想」を加える際は，事実と意見の間に入れ，「事実＋予想＋意見」のようにする。例えば，

Ａさんは，算数の時間にやさしく教えてくれました。「相互扶助」の気持ちがあってとてもいいですね。

という「事実＋意見」のほめ言葉の間に「予想」を加えると，

Ａさんは，算数の時間にやさしく教えてくれました。きっと，「一人も見捨てない」を大切にしているのですね。「相互扶助」の気持ちがあってとてもいいですね。

というようになる（実際に教室で生まれたほめ言葉より抜粋）。

このように，ほめ言葉に「予想」が入ることで，その子らしい行動解釈が生まれ，ほめ言葉に魂が吹き込まれる。そして，どこか子ども同士の距離感が近くなったように感じはしないだろうか。

「ほめ言葉のシャワーが停滞して……」という言葉をよく聞く。それは，教師自身がほめ言葉のシャワーを通してどのような子どもたちに育てたいのかという願いが明確でないからであることが考えられる。目の前の子どもたちの実態に寄り添い，成長を信じ，成長させたいと思うからこそ，ほめ言葉のシャワーの可能性が広がるのだ。

ぜひ，学級と向き合い，子どもたち一人ひとりに目を向けてみてほしい。それが，ほめ言葉のシャワーの発展につながるはずだ。　（古舘　良純）

2学期の学級経営（10月）

ほめ言葉のシャワーに質問タイムを導入しよう

Point

- ●自分も知りたい，相手も答えたい質問ができるようになろう
- ●質問を通して，「キャッチボールの楽しさ」を味わおう

1 「質問」の意義と価値

「質問」とは，「コミュニケーションをより円滑にする行為」である。質問を通して，これまで一面的に捉えていた相手を深く知り，多面的・多角的に理解できる。大切なのは，ただ質問するのではなく，質問内容が自分も知りたいものであり，相手も答えたいものでなければならない。つまり，どのような質問をすればよいかを考えることで，相手の立場に立って考える思いやりが育つのである。子どもたちが質問力を磨くことは，よりよい人間関係を構築することにつながるのである。

2 「質問」タイムを始めよう

「質問タイム」は，「ほめ言葉のシャワー」を浴びるその日の主人公に対して，朝の時間を利用して全員が質問する活動である。

右の図は，「ジョハリの窓」で

	自分○	自分×
相手○	開放の窓 自己開示 公開された自己	盲点の窓 ほめ言葉のシャワー 自分は気がついていないものの，他人からは見られている自己
相手×	秘密の窓 質問タイム 隠された自己	未知の窓 進化→深化→真価 誰からもまだ知られていない自己

ジョハリの窓

ある。これは，自分をどのように公開または隠蔽するかという，コミュニケーションにおける自己の公開と円滑な進め方を考えるために提唱されたものである。

「質問タイム」は，「ジョハリの窓」の「秘密の窓」の開放を目指す。質問を介して，その人「らしさ」を引き出すことで，全体に「秘密の窓」を開放することができる。同時に，「ほめ言葉のシャワー」を通して，他者からの承認がその人の自己肯定感を高めることで，全体への「盲点の窓」の開放も目指す。「質問タイム」と「ほめ言葉のシャワー」を両輪として，学級の子どもたち一人ひとりの「開放の窓」を広げ，自信と安心感のあふれる学級づくりを加速させたいものである。

3 「質問タイム」を成功させるためのスモールステップ

「質問タイム」導入時は，質問と応答の「キャッチボールを楽しむ」ことを大切にしたい。次に示す「質問じゃんけんゲーム」を行い，質問することの楽しさを味わう経験をさせ，主体的に質問するように仕組んでいきたい。

【「質問じゃんけんゲーム」の進め方】

①相手を見つけて，じゃんけんをする。
②じゃんけんで勝った方が負けた方に質問をする。
③負けた方は，質問に答えたら，次に質問をする。
④１回ずつ質問をし合ったら，お礼とハイタッチをして別れる。
⑤新しい相手を見つけて，上記の①〜④をくり返す。
⑥３分間で何人の人と質問し合えたかをたずねる。

最初は，バラバラの内容の質問でもかまわない。徐々に前の質問に関連させるなどの条件をつけ，質問内容のレベルアップを図り，「質問タイム」が有意義な活動になるようにしたいものである。　　　　（南山　拓也）

2学期の学級経営（10月）

対話・話し合いの場面の自由度を高めよう

Point

●自由な立ち歩きを保障しよう
●黒板を開放し，学びの場の拡大をしよう

1 立ち歩くことを保障する

菊池氏によると，対話・話し合いのある授業の条件として以下の３点があげられている。
①少人数の話し合いをくり返す
②黒板を開放する
③教師が視界から消える

この３つを意識して，対話・話し合いにおける自由度を高めていきたい。私は，授業中に立ち歩かせる時（話し合わせる時），次のように言う。

「お散歩タイムです。さあ，新しい考えに出会いましょう」

「出張を認めます。他のグループや友達のもとで学んできましょう」

慣れてきたら，「立ち歩こう」とだけ言う。こうすると，教室全体へ話し合いの場を拡大できることになる。離れている友達とも話し合いができることは，意見拡大にもつながる。教室各所で対話に火がつきやすく，話し合いが活発になる。つまり，子どもたちの活動の自由度が高まるのだ。

話し合いの自由度が増していくと,「今日は, 違う意見の友達の考えを聞いて納得できたので, 楽しかったです」や「M君と話せて, けっこう, 心が動かされました。でも,『人』で判断しないようにしました。これからも国語が楽しみです」といった声が聞かれるようになる。

こうして振り返りを大切にすることで, 話し合いの充実度が高まっていく。教師はその様子を常に価値づけ, 自由に立ち歩くことは群れることとは違うことを価値語で示していく。教師が子どもたちを「自由に立ち歩かせる」ことは, 子どもたちが話し合いを白熱させるためのプラスの価値づけをするという前提があってはじめて成立するのだ。

2 黒板を開放する

「お散歩タイム」や「出張」が行われるようになると, 少人数の話し合いグループができる。そこですかさず,「黒板を使ってもいいよ」と声をかけると, 黒板を使って教え合いが始まる。黒板が, 子どもたちの話し合いの媒体となり, 話し合いを加速させるきっかけになるのだ。

すると, 必然的に教師の存在は子どもたちの視界から消えていくことになる。教師が黒板を背にし続けて行うような一斉授業とは違った構図が生まれ, 子どもたちだけの時間が流れる。ここでは,「黒板に書きたい」や「黒板を使ってみたい」といった, 子どもたちの「やってみたい心理」も上手に使っていく。子どもたちは, 教師が思っている以上に黒板を上手に使うものだ。

（古舘　良純）

2学期の学級経営（11月）

成長ノートで成長川柳をつくろう

Point

●自分だけの作品をつくらせよう
●成長ノートの活用の幅を広げよう

1　成長川柳という「作品づくり」で意識を高める

本校では，修学旅行やマラソンへの取り組みなど，11月に成長ノートの時間を生み出すことが難しい時期があった。そこで，「川柳づくり」というかたちで実施し，ちょっとした時間でも成長ノートに取り組もうとした。

子どもたちは，成長ノートを書き続けてきたことで，一定量の作文を書くことができるようになっている。そこに「非日常スタイル」として「成長川柳五・七・五」を取り入れてみた。

この時，「成長川柳」という作品をつくるのだという意識をもたせると，子どもたちも非日常を楽しみ，成長を実感しながら取り組むようになる。

価値語をたくさん獲得している子どもほど，川柳を仕上げるスピードも速い。成長ノートのスタートで話した「量（数）」に目を向けさせ，「多作」の中から選ぶようにさせていくとよりよいだろう。

すると，作品ができ始めた子から順に「対話の輪」が広がっていく。十七文字に込めた思いや成長のエピソードを話し始めるのだ。この時期，友達同士の関係性がより強く，豊かになっているからこそ白熱していく。そして作品を読んでいる途中で，次の川柳について子どもたちに問いかけてみた。

「なぜ，プラス思考になったんだろう。プラス思考になったきっかけは何だったんだろう」。すると子どもたちは，その言葉（川柳）の裏側を読もうとする。「○○ちゃん，６年生になってからすごく明るくなったよね」「話し合ってても自分の意見を言うようになったよね」など，周りの子がその子の変容や成長に目を向けるようになる。

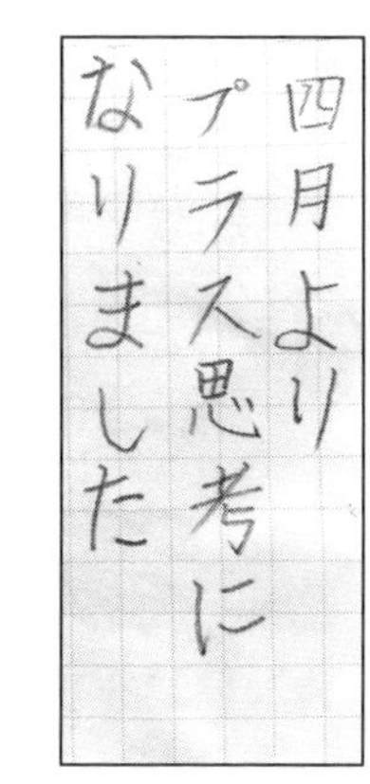

成長川柳という作品づくりは，自分の成長を一言で表すとともに，友達の内側を理解し合い，関係性を豊かにすることができる実践のひとつであると考えている。

2 会社（係）活動に広げる

価値語製作所という会社活動があった。教師が写真を渡し，画用紙に貼りつけて価値語モデルをつくることが主な活動内容だった。しかし，先ほどのような川柳に学級で取り組んだ後，自分たち（会社活動の中）で成長川柳をつくり，掲示するようになってきた。

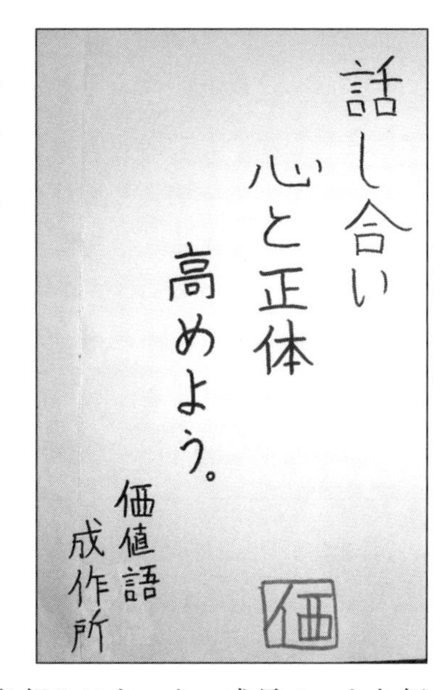

内容は，その時々に必要なことについて考えたり，教師の話を聞いて考えたことを端的に表したりしていた。成長川柳の取り組みを発展させて自主的に活動したのだ。

もともと，時間のない中で取り組ませるための手段としての成長川柳であったが，会社活動にまで発展させることができる取り組みになった。成長ノートと価値語は，やはり菊池実践の核になっていると考える。言葉で人間を育てるのだから，言葉にこだわった指導が必要なのだ。

（古舘　良純）

2学期の学級経営（12月）

白い黒板週間を実施しよう

Point

●非日常をプロデュースしよう
●成長ノートを組み合わせよう

1 「白い黒板週間」の実施

２学期末になり，子どもたちに成長ノートを書かせていると，「先生，２学期成長したことで白い黒板やりたいです！」と言ってくる子が「必ず」いる。そこで，１学期よりもレベルアップしようという意味も込めて「白い黒板週間」を実施することを伝える。

成長ノートの取り組みとセットにし，できあがった白い黒板をもとに成長ノートを書かせる。白い黒板を見ると，より成長を実感し，成長ノートへの向き合い方が白熱する。複合的に実施していくことをおすすめしたい。

実際に実施した「白い黒板週間」のテーマは次の通りだ。

月曜：オリジナル価値語リスト→成長（価値語の数）を実感する
火曜：成長しきれなかったこと→まだ，やり残していることの認知
水曜：教室の３条件～○○合い～→これからの方向性を考える
木曜：学級を漢字一字で表すと→過去・現在・未来をつなぐ一字
金曜：２学期ありがとう「感謝黒板」→感謝で終える２学期にする

2学期ありがとう「感謝黒板」

2 成長ノートでは変容を見取る

次の作文は，月曜「オリジナル価値語リスト」の後に書かせた成長ノートからの抜粋である。

「私が特に影響を受けたのは，『正しい叱られ方をしよう』です。前は，プラスの改善ができませんでした。もしこの価値語を知らなければ，Bの道に進んでいて，真っ暗だったかもしれない。人生には価値語が必要だと思う」

この子は学力が高く，頭の回転も速い子である。好きなことや楽しいことには熱心に取り組む一方，面倒くさいことには手を抜き，気分次第で言葉づかいがきつくなっていた。しかし，価値語を通して「正しい叱られ方」について考え，自分でAの道に修正する大切さを考えるようになった。さらに，価値語が人生に必要だと言えるようになった。

白い黒板と成長ノートはセットで実施するとよい。白い黒板実施前の「個」の思考の場で。白い黒板の最中の「全体」の思考の場で。最後に，白い黒板を見て再度「個」で思考する場で使う。特に，最後の「個」の時間では，より一人ひとりの中で成長が整理されていくことになる。さらに，教室全体が「成長」というポジティブな空気になり，子どもたちは，いつも以上に素直に，細かな変容（エピソード）を書くことができるのだ。

（古舘　良純）

3学期の学級経営（1月）

ゴールを意識した生活指導を行おう

Point

●積極的な生活指導をしよう
●異学年交流をしよう

1 「2学年0学期スタート」

菊池氏は，著書『菊池省三の学級づくり方程式』（小学館）の中で，次のようなことを述べている。

> 3学期のこの時期，担任は「みんながまとまった学級を最後まで維持していこう」という意識が強くなります。しかし，子どもたちはこの先，担任の手の中から飛び出し，新しい世界を生きていきます。未来を見据える視点が大切なのです。

この時期は，学年のまとめの意識を高めることももちろん大事だが，次の学年を見据えるという視点ももっていたいところである。そこで，「終業式まであと○○日」や「2学年0学期○日目」など数字で可視化することで意識を高めさせてみた。

カウントダウン

2 積極的な生活指導

生活指導というと事前の対応が大切だと頭で理解しながらも，実際は何か問題が起こってから対応するというケースが多いように感じられる。私の学級では，「言葉を大切に生活する」という思いのもと，黒板を活用した積極的な生活指導を行っている。もちろん1年を見通して計画的に指導してきているが，ちょうどこの時期に，もう一度子どもたちに意識を高めてもらいたいと思い，価値語クイズを仕掛けた。

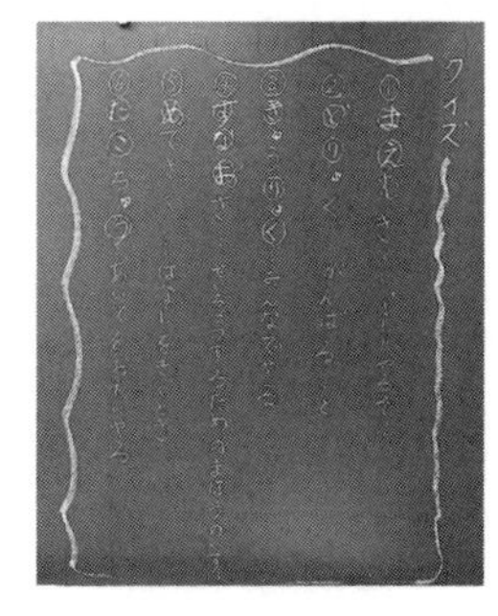

価値語指導

クイズを通して，成長するために自分たちがとるべき行動を楽しく再確認しながら，３学期をスタートさせた。

①自分たちが２学期までに大切にしてきた価値語を中心に，毎朝教師が穴埋めクイズ形式で出題。

②それをもとに，３学期がんばる価値語の行動を意識化。

③１日の終わりに振り返りを行い，友達と交流して，これからの生活につなげていく。

これらをくり返すことで，集団力とともに，個人の成長も期待できる。

3 異学年交流による成長

次の学年を意識させるためには，異学年交流が効果的である。私の学校では，１・２年生の生活科の「学習したことの交流会」という単元で合同授業を実施した。１年生にとっては，２年生のがんばりを感じるとともに，「次は，自分たちだ！」と，次の学年を意識することができる。このような活動を意図的に仕組むことで，ちょっと先の未来を想像しながら意識を高めることができるのではないだろうか。

（加倉井　英紀）

3学期の学級経営（2月）

成長ノートやほめ言葉のシャワーで言語化を進めよう

Point

- 集団の成長を個に返そう
- 教師の覚悟をもとう

1 集団の成長を個に返そう

菊池氏は，著書『菊池省三の学級づくり方程式』（小学館）の中で，次のようなことを述べている。

> 3学期は，学級の仲間とのかかわりによって自分やみんながどのように成長したのか，学級全員が1年間学び合ってきた「○年○組」という学級についての振り返りを行っていきます。集団の学びの集大成とも言えるでしょう。しかしここ最近，私はさらにもう一歩進んだ視点が必要だと考えるようになりました。個人から始まった学びは集団での学びに広がり，やがて個に返っていくのです。

私の学級では，集団としての活動において，目標→実行→振り返りを定期的に「成長ノート」で行ってきた。

また，教師や子どもが一人ひとりのよさを伝える，可視化するほめ言葉のシャワーというものを実施してきた。そしてそれを，常に個人の自信や成長につなげていくように心がけてきた。

2 言語化が成長や自信に

自分の気持ちを人に伝えることや言語化することにより，自分自身の成長や課題を確認することができる。特に，可視化することで後にも残るものとなり，自分自身を振り返ることにもなる。この自己分析は，メタ認知力を高めることにもつながっていく。実際に行事やイベントで実施した，成長や自信につながる取り組みを紹介する（右の表）。

友達同士で成長したところを伝え合ったり，教師がわかりやすい言葉で価値づけしたりすることで1年生であっても自信をもち，成長するのである。

【例：昔遊びを楽しもう】

1 目標→実行→振り返り（成長ノート）
2 教師の一人ほめ言葉のシャワー（黒板）
3 ○○の成長したところ（成長ノート）

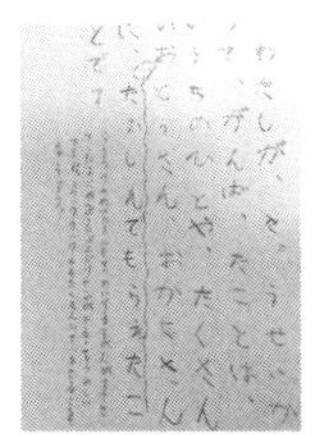

活動の振り返り

教師の一人ほめ言葉のシャワー

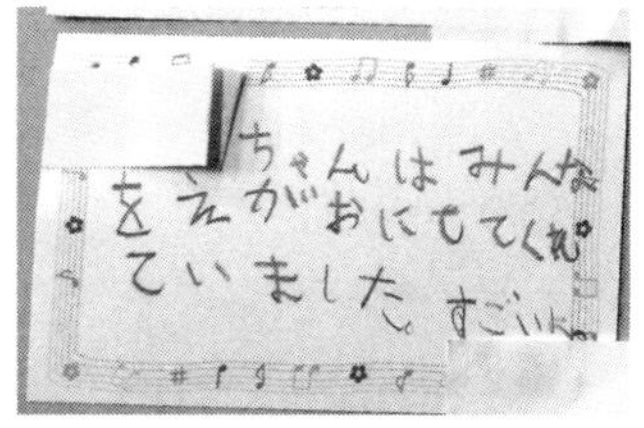

○○の成長したところ

3 教師の「覚悟」

集団と個のつながりを意識しながら様々な仕掛けをしてきたが，何よりも教師がこの子はまだまだ伸びると強く信じる覚悟と思いをもつことが最も大切である。それが教師の「感化力」「オーラ」というものになるのではないだろうか。

（加倉井　英紀）

3学期の学級経営（3月）
試練の十番勝負を行おう

Point

- 「価値ある挑戦」をしよう
- 未来を見据えよう

1 「価値ある挑戦」が成長の糧へ

菊池氏は，著書『菊池省三の学級づくり方程式』（小学館）の中で，次のようなことを述べている。

> 1年間学んできた集大成として，学級新聞やコミュニケーション大事典の作成などに学級全員で取り組んできました。これらは，話し合いを軸とした学級の「学び」の事実を形にしたものです。中でも印象に残っているのが，「試練の十番勝負」です。（中略）1年間の思い出を振り返るだけのまとめ活動にしてしまったら，そこで子どもも教師も立ち止まってしまいます。学級の最後の1秒まで成長させるのだ，という姿勢が大切です。そこにはもちろん，教師自身の成長も含まれます。

私の学級では，低学年なりに課題をアレンジして試練に挑戦した。

価値ある挑戦をすることで人は成長できる。

自分の気持ちや成長してきたことを言葉にすることで子どもも教師も成長を実感することができるのである。

低学年
中学年
高学年

2 「試練」とその先にあるもの

低学年の実態を考えて，様々なかたちで1年間を振り返った。そして，その先を考えていった。その一部を紹介する。

①クイズ形式の試練

クイズ形式で価値語を振り返ってみた。価値語を大切に過ごしてきた子どもたちは，クイズに正解するということだけでなく，このプラスの言葉を行動に移せるようになってきたかを友達同士で考えていった。まさしく，アクティブボキャブラリーであるなと感じた瞬間だった。

②白い黒板

自分の気持ちを言葉にする上で，集団としての考えも取り入れてほしいなという思いもあり，白い黒板を行ってみた。「この1年間でよくなってきたところ」というテーマで書かせてみた。すると，「笑顔が増えた」や「前向きにがんばることができるようになってきた」など心の面での成長が多くあげられた。そして，全体での共有の時間では，それ以外にも様々な成長したところがあげられ，対話するよさを最後の最後まで味わっていた。

③成長曲線

自分たちの成長を可視化していく上で，成長曲線を子どもたちとともにつくっていった。そして，話し合いの最後は，もっと伸びていくのだという思いを受けて，矢印でしめくくった。

3 教師の心のバランス感覚

3月は年度においてはゴールかもしれないが，一人ひとりの人生においては，まだまだ通過点にすぎない。教師は，ゴール像をしっかりともちながらも，そこに行くまでのギャップをどのように埋めていくかを常に考えていく必要があると考えている。

（加倉井　英紀）

3学期の学級経営（3月）

心にある言葉大賞を決めよう

Point

- ●心にあふれた言葉と向き合おう
- ●人生のパートナーとなる言葉を心に刻もう

1 言葉で人間を育てる

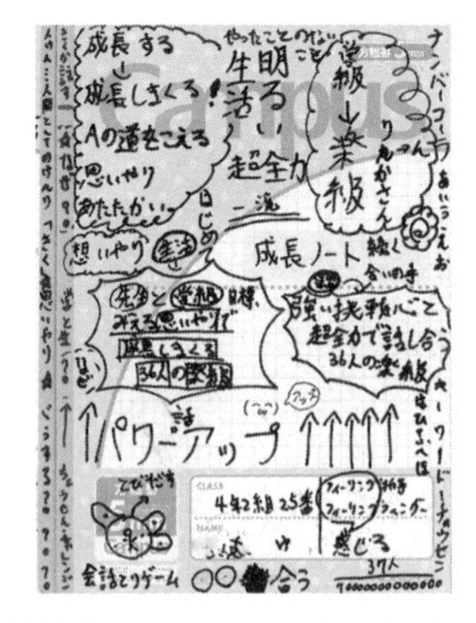

菊池実践とは，ずばり「言葉で人間を育てる」である。言葉にこだわり，言葉を大切にして，言葉と一緒に成長する。成長へ導く言葉の獲得は体験を求め，実感を得たい気持ちを高める。

人間の思考は言葉で構成されるので，思考力も高まっていく。思考は，感情をスタートにしていると言われる。心にプラスの言葉があふれると，感情を加工した建前ではなく，感情のままに表現して本音で通じ合うことが可能になる。感情の乗ったコミュニケーションは，心と心の通い合う関係性をつくっていく。言葉の涵養は，子どもたちを成長させ行動へと導いていくのだ。

2 心にある言葉を磨く

「心にある言葉大賞（詩）」という実践を考えた。流れは簡単である。

①一番大切な言葉を決め，その言葉を題名にして詩を書く。
②書いた詩を見せ合い，交流する。

ねらいは，３つである。

１つ目は，心にあふれている言葉と向き合い，自分と言葉の関係を振り返ること。

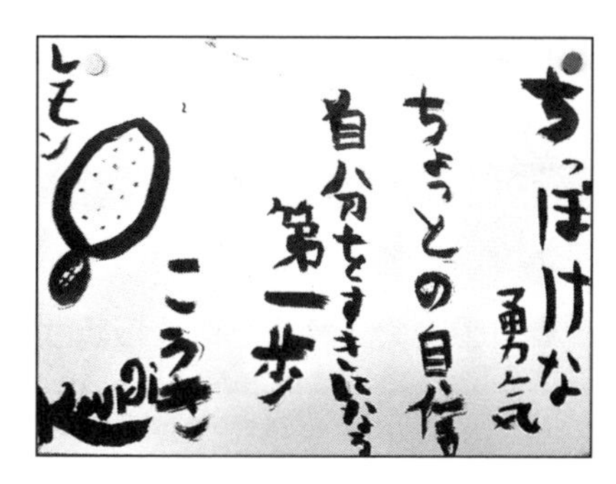

２つ目は，１つの言葉の価値を洗練させて，より濃密な言葉として心に刻むこと。

３つ目は，お互いの言葉をシェアすることで，刺激を与え合い，好循環を生み出すこと。

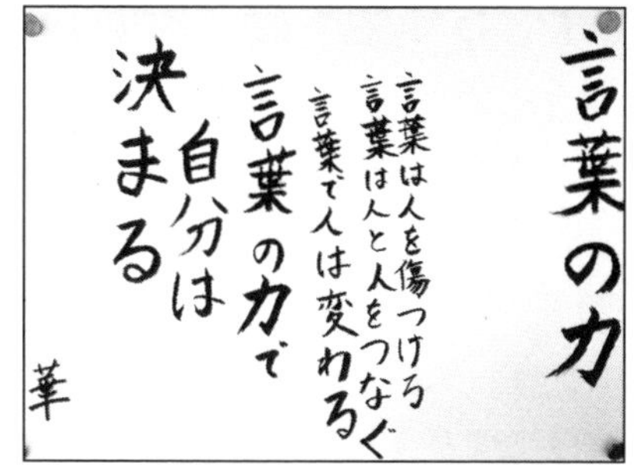

興味深かったのは，決めた言葉とエピソードがセットになっていることである。鮮明に言葉とエピソードを記憶していて，言葉が生きていることを感じた。交流では，想像したり質問したり，大いに盛り上がった。Ｎさんは，「不思議だけど，書いた人を想像しながら詩を読むと『この人にぴったりな言葉だな』って納得してしまいました」と話していた。

3 言葉は人生のパートナーになる

居心地のよい教室はあたたかくて明るく，言葉が常にプラスの空気とパワーをまとっている。心の中で生き続ける言葉は，成長とともに現れ，これから先の人生を豊かにするパートナーになると，確信している。

（大西　一豊）

3学期の学級経営（1月）

ゴールを意識して成長ノートに取り組ませよう

Point

- 「成長のドラマ」を語ることができるテーマを与えよう
- 「最後の1秒まで成長し続ける」空気をつくろう

1 5年生への「準備」よりも4年生の「しめくくり」を

子ども一人ひとりの，そして，学級の成長がさらに加速する3学期のスタートである。1年間のゴールである「学級納め」も近づいてきている。

「4月からは高学年になるのだから，その準備として3学期を捉えなければ」と，先回りのようなかたちで指導を進めようとし，子どもたちのマイナス面にばかり目が向き，ついつい叱責や小言が増えてしまう。

それによって，子どもたちのやる気が削がれ，さらに叱責や小言が増えていく。

そういった「マイナスのスパイラル」に陥ってしまうことはないだろうか。

ここにあるのは，「教師の焦り」である。しかし，決して焦ってはいけない。何よりも大切なのは，高学年になる「準備」よりも，「しめくくり」をしっかりと捉えることである。

4月と比べてどんなところが成長したか，残りの時間をどのように過ごしていきたいか。

教師が1年間の子どもたちの成長とそのがんばりを認める姿勢を大切にすることが，残りの時間のさらなる充実につながるのである。

2 「成長の授業」おすすめプラン：「自分の色」

①「成長ノート」に，「過去（4月）」と「現在（1月末）」そして「未来（学級納めの日）」の自分の心を色でたとえて書く。
②なぜその色を選んだのか，理由も考えて書く。
③黒板の自画像の下に，まず「過去（4月）の色」を書く。
④全員書き終えたら，理由を発表する。
⑤続いて，「現在（1月末）の色」とその理由を発表する。
⑥最後に，「未来（学級納めの日）の色」とその理由を発表する。
⑦「成長ノート」に，振り返りとこれからの具体的な行動目標を書く。

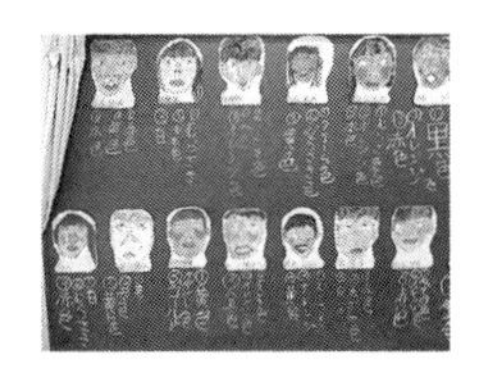

「自分の心」を色にたとえさせると，子どもたち一人ひとりが様々な色をイメージしていることがわかる。その色を選んだ理由を聞いてみると，それぞれに「その子らしさ」があふれている。「成長ノート」のテーマも，過去・現在・未来をつないで，自分自身の「成長のドラマ」，集団の「成長のドラマ」を語るようなテーマになっていく。（テーマ例：「4月から成長している○○さんから学ぶこと」「なぜ○年○組は成長できているのか」）

3 子どもたちが満足すること

こうした取り組みによって，これまでの一人ひとりの成長を子どもたちが自覚する。そして「最後の1秒まで成長し続けよう」という意識が生まれていく。それが，さらなる「成長曲線の加速」につながっていくのである。そして，子どもたちが満足して，「4年生」をしめくくることによって，自信をもって「次の道＝5年生」に進むことができるのである。（大橋　俊太）

3学期の学級経営（2月）

最後のほめ言葉のシャワーを始めよう

Point

- 「これまで」を束ねて「これから」を輝かせよう
- 「ドラマ」を生み出す「瑞々しい教室」へと成熟させよう

1 「心の温度」を上げていく

最後の１巡を実施する前に，取り組んでおきたいこと。それは，「ほめ言葉のシャワー」を通しての，「これまでの成長」と「これからの具体的な行動目標」を学級全体で共有することである。私の学級では，「これまでの成長」は，「白い黒板」で振り返った。また，「これからの具体的な行動目標」を意識するために，「子ども熟議」に取り組んだ。こうして，最後の「ほめ言葉のシャワー」への心構えをつくるとともに，「心の温度」を上げていこう。

2 「これまで」があるから「これから」が輝きを増す

学級の仲間に心を動かしよいところを見つけ，「自分なりの価値づけや意味づけ」を添えてあたたかい言葉をおくり合う。そんな日々の中で，自分の成長と相手の成長を喜ぶ感情を共有し，プラスの「自分らしさ」や「あの子らしさ」を知ることができるのである。そうして，最後の一巡では，20秒間の「ほめ言葉」に一人ひとりの「らしさ」があふれ出す。瑞々(みずみず)しい空気が教室に広がり，笑顔がはじけるのである。

【「らしさ」あふれる「ほめ言葉」の工夫例】

・はやっている芸人のギャグに乗せて伝える。
・自分の好きな歌を替え歌にして伝える。
・少人数のグループで再現ドラマふうに伝える。
・その日の主役の名前の「あいうえお作文」で伝える。

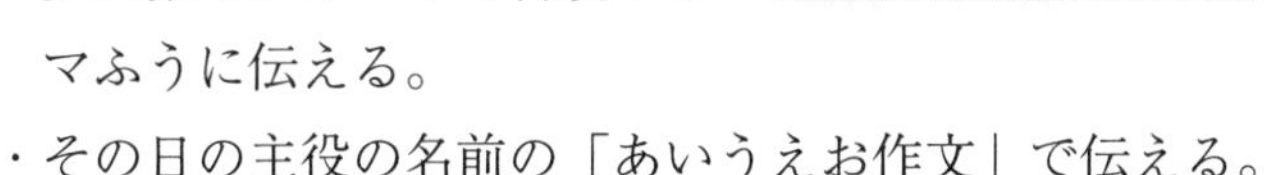

3 「言葉の力」を信じる

「ほめ言葉のシャワー」によって生まれる人と人とのつながりは，数えきれないほどの「ドラマ」をつくり出す。そんな「瑞々しい教室」には，個と集団を変える力が秘められている。子どもたちの声を紹介したい。

【白い黒板「ほめ言葉のシャワーは４年３組をどう変えたのか？」】
・学級の仲間を輝いた目で見る人が増えた。
・自分の色が出せるようになった。
・教室があたたかくなっていることに気づいた。
・心を開けるカギを見つけられるようになった。
・言葉にこだわるようになった。
・人を悪く見ないようになった。
・自信がない人に自信をつける役目ができた。

（子どもたちの声より）

（大橋　俊太）

3学期の学級経営（3月）
試練の十番勝負を行おう

Point

- 「個と集団の変容」に対する深い自己内対話を促そう
- 「成長の土台」を磨き上げて未来を明るく照らそう

1　1年間の集大成「試練の十番勝負」

「ほめ言葉のシャワー」が最後の1巡に入り，学級の終わりを強く意識し始めた子どもたちに「試練の十番勝負」を仕掛けていく。

第1戦「自分にとって4年3組とは何だったのか」
第3戦「『成長ノート』は自分の何をどう育てたのか」
第7戦「『ほめ言葉のシャワー』は4年3組をどう変えたのか」
第10戦「『言葉の力』とは何か」　（10テーマより一部抜粋）

第1戦では，子ども自身にとって，その学級がどのような学級であったのかを考えさせる。第3・7戦では，「学級文化」となった代表的な2つの取り組みにおける「個と集団の変容」を考えさせる。第10戦では，年度当初から力を入れてきた指導である「言葉の力」について考えさせる。

「試練の十番勝負」を通して子どもたちは自分の内面と改めて向き合うことになる。4月からの自分や学級の成長を確かめ合い，学級の仲間とともに学び合ったからこそ今の自分の成長があることを実感できるはずである。

2 子どもたちは「この先」も学び続ける

4月になれば，子どもたちは担任である私の掌から飛び出し，新しい未来を生きていく。1年間の自分の成長を「心の拠り所」として，新しい環境で学び続ける。その時に，「自分らしさ」を発揮できるようにするのが，担任である教師の役目ではないだろうか。

> 私にとって4年3組は，人と人とのコミュニケーションを大切にし，自分に自信がついた場所です。「ほめ言葉のシャワー」をやって，相手のほめ言葉を言ったり，ほめ返してもらったりして，超細部まで観察できました。公の場に出ても，今までのことをむだにせず，さらにすばらしい人へと成長していくという自信がつきました。（4年女子）

3 菊池実践が育む力

> ①あたたかい言葉を介した他者とのかかわりをくり返す。
> ②その中で「価値語」をともなった「自分らしさ」を手に入れる。
> ③新しい環境でも「成長は無限大」と信じて伸び続ける力が育つ。

「成長の土台」を磨いた子どもたちの未来を，明るい光が照らしている。

（大橋　俊太）

3学期の学級経営（1月）

ゴールを意識して成長ノートに取り組ませよう

Point

●次の学年に向けた「準備期間」を意識させよう
●1年のしめくくりを意識したテーマで「成長ノート」を書こう

1 未来志向＝自らの成長を意識して書く

菊池氏は，著書『人間を育てる　菊池道場流　作文の指導』（中村堂）の中で，3学期における成長ノートの指導ポイントを次のように述べている。

> 後期（3学期）のポイントは，「自問自答」させることです。「自分」ということについて様々な視点で考えさせていきます。コメントでも，一人ひとりの成長の事実を例に挙げて温かくコメントしていきます。

教師は個に寄り添い，プラスの視点でほめて，認めて，励ますコメントを書き，子どもたちの「もっと成長したい」という意識を高めていきたい。

2 「次の学年」を意識して書く

3学期は，「6年生0学期」として，次の学年に向けた準備期間という意識をもたせるテーマ設定が大切である。「どのような自分に成長したいか」という目標をもつことで，その姿を追究しやすくなるからである。

また，３学期を「まとめの学期」として，１年間のしめくくりを意識することも大切である。４月から書き続けてきた「成長ノート」を最初から読み直し，自らの過程を振り返り，３学期の目標設定を行うようにしたい。

３　成長し続けるために書き続ける

３学期最初のテーマは，「自分は修了式・卒業式当日を何色の気持ちで迎えたいか」である。色には，その人の気持ちや心理状態が表れやすいと言われる。色で気持ちを表現することで，その子らしさが文章に表れるのである。ここで，これまでに担任した子どもの文章を紹介したい。

私は白色の気持ちで卒業式を迎えたいです。理由は３つあります。

１つ目は，白は何色に混ぜても，それぞれきれいな色になるからです。例えば，赤＋白＝ピンクや青＋白＝水色など，たくさんの色が生まれます。このように，友達（いろんな色の人）とも絆を強くすると，いろんな色が生まれるからです。（中略）

２つ目は，汚れのない素直できれいな心でいたいということです。きれいな心を保つと，友達関係やつながりが強くなり，楽しい学校生活を過ごせるからです。

３つ目は，つくり出すということです。嫌なこともスッキリ忘れて，新しい自分で生活するという意味が込められています。（中略）

これらのことから，私は白を選びました。自分なりのきれいな白でいられるように，日々努力していきたいです。していきます！

前向きで素直な気持ちが表れた文章である。ゴールを意識し，成長し続けたいと願う子どもの願いに教師は寄り添い，励ますことが何より大切である。

（南山　拓也）

3学期の学級経営（2月）

オリジナル価値語づくりをしよう

Point

- 「価値語」を使って子どもの成長を促進させよう
- 「価値語」を生み出す教室を創ろう

1　成長を促す「価値語」の価値

菊池氏は，「価値語」について『価値語100ハンドブック』（中村堂）で，次のように述べている。

> 成長に向かっている学級にはプラスの言葉があふれています。荒れたクラスにはマイナスの言葉が飛び交っています。人は誰でも新しい言葉を知ると使いたくなるものです。言葉は実体験を求めるのです。つまり，価値ある言葉を，子ども一人ひとりの心の中にどれだけ届かせることができるかが，学級づくりを大きく左右すると言えるでしょう。

子どもたちの姿と言葉を関連づけながら，「一人が美しい」（自分の意思をもち，一人で行動できる力），「素直なAのバケツになろう」（素直さは何にも勝る成長の秘訣）など，「価値語」指導を1学期から行う。その「価値語」指導を行った結果，子どもたちは，「価値語」を獲得するとともに，成長につながる姿が多く見られた。

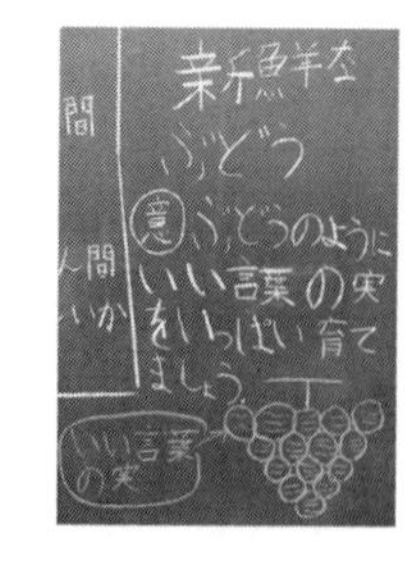

2 「価値語甲子園」（オリジナル「価値語」づくり）をしよう

【価値語甲子園（オリジナル「価値語」づくり）：指導のステップ】

①子どもたちがそれぞれに考えた「価値語」を黒板に書く。（投票番号を割り当てる）

②「質問タイム」を設け，どのような意味なのか，たずねられたら説明する。

③よいと思った「価値語」に投票する。（一人三票，投票用紙に番号を記入する）

④開票し，ベスト３を決める。チャンピオンには，ヒーローインタビューを行う。

子どもたちの考えた「価値語」に感心する意味づけや価値づけがなされていた。すぐに，友達がつくった「価値語」を使う姿も見られた。

菊池氏が「言葉は人を成長させる」と言うように，良質な言葉は人の成長に大きな影響力をもつ。「価値語」指導の取り組みは，間違いなく子どもたちの成長を加速させるに違いない。

> 「孫力（そんりょく）」
> 　アニメの主人公「孫悟空」のように，どんなに壁が高くても乗り越える強さをもっていこう。
> 「輝姿改正（きしかいせい）」
> 　今の輝く姿は，自分の言動を改善し，Aの道を歩んできたからこそである。
> 「一変百化（いっぺんひゃっか）」
> 　考え方を１つ変えるだけで，姿勢や態度など多くのことが変わる。

（南山　拓也）

3学期の学級経営（3月）
卒業式の非日常を成長につなげよう

Point

- 「非日常」である「卒業式」を成長のチャンスにしよう
- 「成長ノート」を活用して，「非日常」を成長につなげよう

1 「非日常」で子どもを成長させるために

菊池氏は，著書『挑む』（中村堂）の中で，「非日常」について次のように述べている。

> 私は，子どもたちを成長させるための1つとして，「非日常」を大切にしてきました。普段行っている授業や朝の会・帰りの会，給食，掃除といったもの以外は，すべて「非日常」です。この非日常の取り組みが，成長にとって大きなポイントになります。非日常は，普段指導している事の力試しの場として活用できると考えているのです。

3月は高学年にとって，卒業式という最も大きな「非日常」がある。

この「非日常」を子どもたちの学びの集大成を示すチャンスにしたい。

子ども自身が目的意識をもち，主体的に参加できるよう，教師は全力でサポートしていきたいものである。

低学年
中学年
高学年

2 「卒業式」を「成長の授業」に

5年生は，在校生の代表として，卒業生から最高学年のバトンを受け取る覚悟をもって卒業式に臨まなければならない。そのため，次の2点を意識させることが大切である。1つは，式の練習に臨む「目指す姿」を意識することである。例えば，これまでに担任した子どもたちの卒業式練習での姿を見せ，目指す姿として価値を共有するのである。

もう1つは，卒業式練習に臨む目標設定である。子どもたちに「在校生代表としてどのような姿で卒業式に臨むか」について，「成長ノート」に書かせる。書くことを通して，子どもたちは，卒業式に向けての目標設定ができる。目標が定まると，その目標を達成しようと子どもたちが主体的に参加し，よい姿が多く見られるようになる。教師はその成長の瞬間を見逃さずにほめることで+（プラス）の行動を強化し，さらに全体に広めることができるのである。

3 「非日常」を次のステージにつなぐ

卒業式が終わった後も「成長ノート」を活用し，次の2点を指導する。

1つは，在校生代表としてふさわしい姿だったかについて，振り返りをする。例えば，「卒業式練習や卒業式を通して，どのような成長があったのか」というテーマで，「成長ノート」に書かせる。

もう1つは，次のステージへの目標設定として，「1年後，何色の心で卒業式を迎えたいか？」のテーマについて，子どもたちに願いを書かせる。

子どもたちは，卒業生の凜々しい姿を目にして，「あのような立派な姿で自分も卒業したい」と願い，これから自分はどうすべきかを考え，行動に移すことであろう。「非日常」に向けて設定した目標を達成することで，次の目標が明らかになる。だからこそ私たち教師は，「非日常」を成長の最大のチャンスと捉え，積極的に生かしていきたいものである。　（南山　拓也）

あとがき

飛込授業をした学級から，感想がおくられてきた。その中に，

「菊池先生へ

菊池先生は，なぜ授業中にほめてくれるのですか。

ぼくは，今までほめられたことがありませんでした」

といった内容のものがあった。６年生の男の子である。

もちろんこれだけで何かを判断するというわけではないが，現在の多くの教室の現状を表しているように思えて，複雑な気持ちになった。

私は現在，年間200か所ほどで講演や学校訪問を行っている。ある学校の校長室に，次のような書があった。

「喜んで登校　満足して下校

行きたい学校　帰りたい家庭　住みたい地域」

理想だと思った。子どもたちは，ほめられたい，認められたい，みんなで何かを成し遂げ達成感を味わいたい，昨日よりも成長したいと思って毎日学校に来ているはずである。

最後の菊池学級で１年間を過ごした佐竹穂香さん（平成29年現在中学３年生）は，私の２本のドキュメンタリー映画『挑む～菊池省三　白熱する教室第一部』『ニッポンの教育～挑む　第二部』を観終わった後に，感想を次のように語ってくれた。

「（前略）感想の３つ目は，言ってはいけないことかもしれませんが，……これを言うとよくないのかもしれませんが，……菊池先生は，小学校の先生を辞めてよかったと思います。その理由はあります。小学校の先生をしていたら，その学級だけにしか先生の魅力はわからないと思うのです。

今は，全国に行って，その学校や学級の一人ひとりの自分らしさを引き出していると思うのです。たくさんの子どもたちや先生方に，何かをもって帰らせていると思うのです。

これは，菊池先生だからできることだと思います。だから，菊池先生は，小学校の先生を辞めてよかったと思います。

そして，最後に，……私は菊池学級の一人でよかったです」

私たち菊池道場は，現在全国に59の支部が立ち上がっている。この広がりは，今後も続くであろうと確信している。現場が，「菊池実践」を求めていると判断しているからである。

今後も，「自他共栄」というスタンスで，過去の歴史や他の主義主張からも謙虚に学びながら，これからの教育の在り方を実践研究していきたいと考えている。「言葉が人を育てる」「自信が人を育てる」といった中核となる考え方は変わらない。

本書は，このような菊池道場の若手実力者の先生方に執筆をお願いして完成した。１年間を見通した確かで豊かな実践は，「一人も見捨てない」「どの子も成長させる」というあたたかく強い教育愛に支えられている。

心からお礼を述べたい。ありがとうございました。

また，明治図書の茅野現氏には，企画・構成の段階から大変お世話になりました。原稿がなかなか集まらない中，辛抱強く励まし待っていただきました。感謝の気持ちでいっぱいです。ありがとうございました。

最後に，本書で取り上げられた実践が，全国の子どもたちの笑顔につながることを願っている。

平成29年12月22日

菊池道場　道場長　　菊池　省三

【著者紹介】

菊池　省三（きくち　しょうぞう）

愛媛県出身。「菊池道場」主宰。
小学校教師として「ほめ言葉のシャワー」など現代の学校現場に即した独自の実践によりコミュニケーション力あふれる教育を目指してきた。2015年３月に小学校教師を退職。自身の教育実践をより広く伝えるため、執筆・講演を行っている。

菊池道場（きくちどうじょう）

後藤　　航（山形県米沢市立北部小学校）
赤木　真美（広島県広島市立山田小学校）
加倉井英紀（福島県福島市立小学校）
信國　智子（山口県周南市立湯野小学校）
納田　健太（香川県公立小学校）
清水香代子（山口県周南市立富田西小学校）
野口　泰紀（岡山県倉敷市立連島南小学校）
鈴木　勇介（鳥取県智頭町立智頭小学校）
中國　達彬（広島県公立小学校）
林　　祐太（神奈川県川崎市立殿町小学校）
大西　一豊（大分県日出町立川崎小学校）
堀井　悠平（徳島県徳島市立加茂名小学校）
大橋　俊太（愛知県丹羽郡大口町立大口西小学校）
南山　拓也（兵庫県西宮市立南甲子園小学校）
古舘　良純（千葉県木更津市立波岡小学校）

菊池省三　365日の学級経営
８つの菊池メソッドでつくる最高の教室

2018年３月初版第１刷刊
2019年３月初版第５刷刊
©著　者　菊池省三
　　　　　菊池道場
発行者　藤原光政
発行所　明治図書出版株式会社
http://www.meijitosho.co.jp
（企画）茅野　現（校正）嵯峨裕子
〒114-0023　東京都北区滝野川7-46-1
振替00160-5-151318　電話03(5907)6701
ご注文窓口　電話03(5907)6668
＊検印省略
組版所　株式会社カシヨ

Printed in Japan　ISBN978-4-18-216517-7